LEÇONS
DE
CHRONOLOGIE
ET D'HISTOIRE.

HISTOIRE MODERNE.

Les quatre volumes de ce Cours d'Histoire sont :

Ier Vol. Histoire Sainte et Histoire de l'Église, jusqu'à la conversion de Clovis I.

IIe Vol. Histoire de France, jusqu'au règne de S. M. Charles X.

IIIe Vol. Histoire ancienne, jusqu'à la naissance de J.-C.

IVe Vol. Histoire moderne, depuis la naissance de J.-C. jusqu'à nos jours.

Chaque volume cartonné, 1 fr. 50 c.

IMPRIMÉ CHEZ PAUL RENOUARD
Rue Garencière, n° 5.

LEÇONS DE CHRONOLOGIE ET D'HISTOIRE,

PAR L. GAULTIER.

QUATRIÈME VOLUME.

HISTOIRE MODERNE; DEPUIS LA NAISSANCE DE JÉSUS-CHRIST JUSQU'A LA FIN DU XVIIIe SIÈCLE.

A PARIS,
CHEZ JULES RENOUARD,
RUE DE TOURNON, N° 6.

M. DCCC. XXVI.

NOTIONS PRÉLIMINAIRES.

L'HISTOIRE *moderne*, c'est-à-dire l'histoire depuis la naissance de J.-C. jusqu'à nos jours, renferme dix-huit cent vingt-six ans. Nous l'avons divisée par siècles; d'autres la divisent par époques.

DIVISIONS PAR ÉPOQUES.

1° Depuis J.-C. jusqu'à l'empereur Théodose, en 400; 2° depuis Théodose jusqu'à Mahomet, en 622, 3° depuis Mahomet jusqu'à Charlemagne, en 800; 4° depuis Charlemagne jusqu'à Grégoire VII et Godefroi de Bouillon, en 1096; 5° depuis Grégoire VII et Godefroi de Bouillon jusqu'à Colomb et Luther, en 1520; 6° depuis Colomb et Luther jusqu'à nos jours, 1826.

DIVISION PAR SIÈCLES, ET CARACTÈRE DE CHAQUE SIÈCLE.

Ier SIÈCLE. — *Tyrannie*, sous les empereurs Tibère, Caligula, Néron, Domitien.

IIe — *Prospérité et paix*, sous Trajan, Adrien, Antonin, Marc-Aurèle.

IIIe. — *Anarchie militaire*, pendant laquelle les empereurs sont élevés au trône, et massacrés ensuite par les soldats prétoriens.

IVe.—*Partage de la monarchie romaine* en empire d'Orient et en empire d'Occident.

V^{e}.—*Dissolution* de l'empire d'Occident par les Barbares.

VIe.—*Barbarie*, sous laquelle la confusion et les malheurs des peuples sont à leur comble.

VIIe. — *Gloire et illustration* des Sarrasins, qui s'emparent de l'Orient, et pénètrent en Occident jusqu'en France.

VIIIe.—*Charlemagne*, qui rétablit l'empire d'Occident.

IXe.—*Démembrement de l'empire d'Occident*, d'où commencent à se former les états modernes sous le règne féodal.

X^{e}.—*Siècle de fer*, à cause de l'ignorance et de la barbarie générales.

XIe.—*Chevalerie*, qui exalte les sentiments de vertu et de justice.

XIIe.—*Premières Croisades*, où les plans de campagnes, d'alliances et de coalitions commencent à établir l'équilibre entre les puissances.

XIIIe.—*Dernières Croisades*, qui donnent le goût du commerce et des voyages.

XIVe.—*Inventions dans les arts*; la boussole, la poudre à canon, l'imprimerie.

XVe.—*Découvertes géographiques* du Cap de

Bonne-Espérance des Indes et de l'Amérique, par Diaz, Colomb et Gama.

XVIe.—*Troubles religieux,* excités par Luther, Calvin, les Anabaptistes, etc.

XVIIe. — *Louis XIV,* sous lequel les beaux-arts et les sciences produisent des chefs-d'œuvre.

XVIIIe.—*Philosophisme et convulsions politiques,* qui ont menacé l'ordre social, surtout en France et dans quelques contrées de l'Europe.

XIXe—*Gouvernements représentatifs.*

LEÇONS
DE
CHRONOLOGIE
ET D'HISTOIRE.

HISTOIRE MODERNE,

OU

FAITS MÉMORABLES ARRIVÉS DEPUIS LA NAISSANCE DE JÉSUS-CHRIST, JUSQU'A LA FIN DU DIX-HUITIÈME SIÈCLE.

Ier SIÈCLE APRÈS JÉSUS-CHRIST.

DEPUIS L'AN I JUSQU'A L'AN 100.

(*Case 14 du Tableau.*)

L'an treize Auguste meurt. Vient Tibère, tyran.
Germanicus périt, et l'orgueilleux Séjan.

(1.)

En quelle année mourut Auguste? Vers la soixante-seizième année de son âge, et la treizième de l'ère chrétienne, ayant régné seul quarante-quatre ans depuis la bataille d'*Actium*, et cinquante-six depuis la mort de Jules César.

(2.)

Que dit Auguste à ses amis peu de temps

avant de mourir? Qu'il avait trouvé Rome bâtie de briques, et qu'il la laissoit bâtie en marbre.

(3.)

Pourquoi a-t-on dit de l'empereur Auguste qu'il n'auroit jamais dû ni commencer, ni finir de régner? C'est qu'ayant exercé de grandes cruautés pour arriver à la souveraine puissance, il devint cher aux Romains dès qu'il y fut parvenu.

(4.)

A quel titre Tibère fut-il le successeur d'Auguste? En sa double qualité de gendre et de fils adoptif de ce premier chef de l'empire romain.

(5.)

De quels actes de cruauté se souilla Tibère? N'épargnant pas même sa famille, il immola, entre autres personnages distingués, son épouse Julie, fille d'Auguste; Agrippa, fils de Julie; son propre frère Drusus; Germanicus, son neveu; et Séjan, son favori.

(6.)

Que sait-on sur la mort de Germanicus, fils de Drusus et neveu de Tibère? Ce prince, l'un des plus accomplis de ce temps, et qui devoit le surnom de *Germanicus* à ses grandes victoires sur les Germains, fut, dit-on, empoisonné par Pison, gouverneur de Syrie, et ministre adulateur de la jalousie de Tibère.

(7.)

Pourquoi Tibère fit-il périr avec une apparence de justice son orgueilleux favori Séjan? Parce que ce courtisan, qui avoit abusé de la faveur de son maître pour commettre des crimes et des vexations de tout genre, aspiroit visiblement à l'empire.

(8.)

Comment Tibère s'y prit-il pour faire mourir Séjan l'an 21 ? Il envoya de Caprée un ordre au sénat romain de faire le procès de Séjan, qui, le même jour, fut arrêté et étranglé en prison et dont les enfans périrent aussi du dernier supplice.

(9.)

Comment finit Tibère, l'an 37 ? Par ne plus voir Rome, où tout lui reprochoit ses crimes et ses meurtres. Ce prince, retiré dans l'île de Caprée et plongé dans la débauche, mourut à Misène, dans le palais du superbe Lucullus en Campanie, après avoir régné vingt-trois ans.

Caligula chérit un roi de Galilée;
La raison, la pudeur par lui fut violée.

(10.)

Pourquoi Caïus Caligula, fils de Germanicus et d'Agrippine, parvint-il à l'empire? Parce que Tibère l'avoit adopté, dans la persuasion que les vices de ce jeune homme feroient oublier les siens.

(11.)

De quel prince juif Caligula fut-il l'ami? D'Hérode Agrippa, qu'il tira de prison en lui donnant le royaume de Comagènes, puis celui de Galilée, et en lui faisant cadeau d'une chaîne d'or égale en poids à la chaîne de fer qu'il avoit portée dans sa prison.

(12.)

Jusqu'à quel point Caligula parut-il s'écarter des principes de la raison et de la décence? Il fit son cheval pontife, puis consul, en lui donnant pour collègue, dans cette seconde dignité, Claude son oncle.

(13.)

Par quel trait de férocité Caligula se peignit-il lui-même? Il témoigna le desir que le peuple romain, qu'il avoit déjà tenté d'affamer par le monopole des blés, n'eût qu'une tête, pour se donner le plaisir de la lui trancher d'un seul coup.

(14.)

Comment finit Caligula, l'an 41, après quatre ans de règne? En sortant du spectacle, il fut assassiné par un tribun des gardes prétoriennes, qui délivra ainsi le peuple de la profusion, des extravagances, et des cruautés de ce tyran.

Sous les stupides yeux du mari Claudius,
L'infâme Messaline épousa Silius.

(15.)

De quelle famille étoit Claude, successeur de Caligula? Il étoit oncle de Caligula, et le seul de sa famille que le dernier tyran avoit épargné, peut-être à cause de sa stupidité.

(16.)

Jusqu'à quel point l'impudique Messaline parut-elle mépriser son époux Claude? Jusqu'à le rendre témoin et pour ainsi dire complice de ses débauches scandaleuses.

(17.)

Comment finit Messaline, l'an 46? Après avoir épousé solennellement Silius, chevalier romain, se regardant comme répudiée, elle fut mise à mort avec son nouvel époux, par les ordres de l'empereur Claude.

(18.)

Quelle inconséquence commit Claude, marié en seconde noces avec Agrippine sa nièce? Il adopta pour son successeur à l'empire, Néron, fils de cette même Agrippine, et de son premier mari Néron, au préjudice de Britannicus son propre fils, qu'il avoit eu de Messaline.

(19.)

Quelle fut la mort de Claude, l'an 54? Après qu'il eut passé dans la Bretagne, dont il conquit une grande partie en seize jours, il mourut empoisonné par un champignon que lui donna Agrippine sa femme, et par son médecin, qui, sous prétexte de lui donner ses soins, lui glissa dans la gorge un poison plus subtil.

La mère de Néron, Burrhus son gouverneur,
Sénèque, Pierre et Paul, éprouvent sa fureur.

(20.)

Quelle fut la conduite de l'empereur Néron, successeur de Claude? Après s'être montré pendant quelque temps affable et réservé, il commença à mépriser les avis de son gouverneur Burrhus, et de Sénèque son précepteur, et devint un monstre par ses vices et sa cruauté.

(21.)

Quelles furent les plus odieuses cruautés de Néron? Il fit mourir, 1° Britannicus son frère, au préjudice duquel il régnoit; 2° sa mère, qui l'avoit placé sur le trône; 3° son gouverneur Burrhus, et Sénèque son précepteur; 4° Octavie, sa première femme, fille de Claude; 5° Poppée, sa seconde femme, qu'il avoit ravie à Othon, et qu'il tua d'un coup de pied, quoiqu'elle fût grosse.

(22.)

Quels personnages étrangers à la famille de Néron furent victimes de ses fureurs? 1° Le poète Lucain, neveu de Sénèque; 2° Pétrone, ami de ce tyran, confident de ses plaisirs; 3° Corbulon, qui lui avait soumis l'Arménie; 4° enfin les apôtres saint Pierre et saint Paul.

(23.)

Quel crime imputa Néron aux Chrétiens, pour les faire mourir? Il les accusa d'avoir mis le feu à la ville de Rome, pendant qu'il avoit lui-même causé cet incendie, pour se représenter la destruction de Troie.

(24.)

De quelle scène furent suivies les cruautés de Néron, l'an 68? Il se forma contre lui une conspiration qu'il ne put dissiper, malgré les bassesses auxquelles il descendit.

Galba précède Othon, Vitellius; par Tite
Fut, sous Vespasien, Jérusalem détruite.

(25.)

Comment Servius Sulpitius Galba, gouverneur d'Espagne, et avancé en âge, succéda-t-il à Néron? Au moment où Néron envoyoit l'ordre de le faire mourir, pour avoir désapprouvé les vexations de ses intendans, Galba ne trouva d'autre moyen d'échapper au supplice que de se faire proclamer empereur: cette démarche ferme décida Néron à se donner la mort, à laquelle le sénat l'avoit déjà condamné.

(26.)

Qui remplaça Galba au bout de six mois? Othon, général romain, qui, jaloux de se voir préférer Pison dans la faveur de son maître, conjura contre lui, et le fit assassiner par les soldats prétoriens.

(27.)

Pourquoi Othon au bout de trois mois, se

tua-t-il lui-même ? Parce que son armée avoit été défaite entre Crémone et Mantoue, à Bédriac, par le général romain Vitellius, qui s'étoit révolté contre lui, et qui prit sa place.

(28.)

Quel traitement ignominieux reçut Vitellius, dépouillé de l'empire au bout de huit mois ? Le peuple romain, indigné de ses excès et de ses profusions pour la table, jeta son corps dans le Tibre. Il dépensoit dix mille écus par repas, et en faisoit quatre par jour.

(29.)

Quelle fut la cause de l'élévation de Vespasien, qui remplaça Vitellius ? Les succès que Vespasien avoit eus contre les Juifs révoltés lui gagnèrent l'affection de Tibère, préfet d'Égypte, et de Mutien, gouverneur de Syrie, qui, par leur crédit, le firent proclamer empereur.

(30.)

Par qui fut détruite la ville de Jérusalem, sous le règne de Vespasien, l'an 70 ? Par Titus son fils, qui réduisit les habitans aux plus cruelles extrémités, comme Jésus-Christ l'avoit prédit, et qui, après quatre mois de siége, la prit d'assaut, et la détruisit entièrement.

(31.)

Que devinrent les Juifs après la destruction de Jérusalem ? Ils furent dispersés dans toutes les contrées de la terre, et les riches dépouilles de leurs temples furent envoyées à Rome, pour servir d'ornement au triomphe de l'empereur Vespasien et de Titus son fils.

(32.)

Quel reproche a-t-on fait à Vespasien, qui d'ailleurs régna pendant neuf ans avec sagesse et avec douceur ? On lui impute d'avoir été avare à l'excès : et l'on assure qu'ayant mis un impôt sur les lieux d'aisances, il dit à son fils Titus, en lui faisant voir le premier produit de cet impôt : « Cela sent-il mauvais ? »

Titus fait empereur, fut du peuple chéri ;
Domitien, son frère, en fut toujours haï.

(33.)

Par quelles qualités Titus, fils et successeur de Vespasien, mérita-t-il d'être surnommé les délices du peuple romain ? Par la sagesse de son administration, et surtout par le caractère de bonté qui lui fit dire à ses courtisans, un jour où il n'avoit eu occasion de faire de bien à personne : « Mes amis, j'ai perdu ma journée. »

(34.)

Par qui fut remplacé Titus, mort après deux ans et deux mois de règne, et pleuré amèrement par le peuple romain? Par Domitien son frère, regardé comme un autre Néron, dont il imita les folies et les cruautés, se faisant ériger des statues d'or comme à une divinité, et persécutant les chrétiens, les philosophes, et les gens de bien.

(35.)

Jusqu'où alla la vanité extravagante de Domitien? Pour faire croire qu'il avoit vaincu des peuples, il menoit en triomphe, devant son char, des esclaves qu'il s'étoit fait acheter.

Le vieux Nerva choisit Trajan, doux, glorieux;
Hormis Juifs, Chrétiens, sous lui tous sont heureux.

(36.)

Qui succéda au cruel Domitien, assassiné par un affranchi, l'an 96? Ce fut le sage et doux Nerva, qui soutint le sceptre d'une main trop foible, se montrant toujours disposé à rentrer dans la vie privée.

(37.)

Qui Nerva choisit-il pour maintenir l'autorité du trône? Il adopta un Espagnol nommé

Trajan, prince aussi modéré què lui, mais plus ferme, plus actif, et plus jaloux de la gloire.

(38.)

Par quels exploits Trajan acquit-il une grande réputation militaire, l'an 102? Ayant fait un pont sur le Danube, il força Décebale, roi des Daces, à se donner la mort, et réduisit ainsi la Dacie en province romaine.

(39.)

Par quels monumens la mémoire de Trajan s'est-elle perpétuée? Par l'établissement d'une bibliothèque magnifique, dont il enrichit Rome, et par la construction de la fameuse colonne de cent quarante pieds qu'on y voit encore aujourd'hui, sous le nom de colonne Trajane, et que le sénat fit élever sur la superbe place bâtie par ce prince.

(40.)

Pourquoi Trajan qui faisoit le bonheur des peuples, persécuta-t-il les Juifs et les Chrétiens? Parce que les Juifs commirent, de son temps, d'horribles excès contre les Romains en Egypte; et parce qu'il redoutoit l'accroissement et le zèle des Chrétiens, dont la religion étoit en opposition avec celle de l'état.

(41.)

Quelle fut la fin de Trajan? De retour d'une expédition contre les Parthes, où il avait défait leur roi Chosroès, il mourut à Selinunte, ville de Sicile, appelée depuis Trajanopolis par les Romains, qui firent transporter à Rome les cendres de Trajan dans une urne d'or.

(42.)

Quelle étoit, du temps de Trajan, la situation des diverses contrées de l'Europe? Elles étaient presque toutes soumises à l'empire romain, excepté les peuples du nord de la Grande-Bretagne, appelés Pictes, ceux du nord de l'Allemagne et de la Pologne, et d'autres peuples au-delà du Danube et du Rhin, qu'on croit avoir été les Sarmates et les Germains.

(43.)

Quels états renfermoit la domination romaine en Europe, du temps de Trajan? Elle renfermoit l'Italie, l'Espagne, la France, alors appelée Gaule; la Germanie méridionale, appelée Allemagne vers le onzième siècle; la Hongrie et ses parties occidentales, appelées alors la Pannonie; l'ancienne Dacie, comprenant aujourd'hui la Valachie, la Moldavie et la Transylvanie; la Thrace, l'Illyrie, la Grèce, etc.

(44.)

Quels états renfermoit l'empire romain hors de l'Europe, sous le règne de Trajan? L'Asie mineure, l'Égypte, la Lybie, la Numidie et la Mauritanie, contrées qui forment aujourd'hui les états de Tunis, d'Alger, de Fez, et de Maroc.

IIe SIÈCLE APRÈS JÉSUS-CHRIST.

DEPUIS L'AN 100 JUSQU'A L'AN 200.

(*Case 15 du Tableau.*)

Adrien tout rempli de vices, de vertus,
Rebâtit Ælia, d'où les Juifs sont exclus.

(45.)

Quel fut le caractère d'Ælius Adrien, cousin et successeur de Trajan, l'an 117? Ce prince eut de grandes vertus et de grands vices, beaucoup d'esprit et de science, avec beaucoup de jalousie et de cruauté.

(46.)

Quel étoit le dessein de l'empereur Adrien dans les grands voyages qu'il entreprit par toutes les provinces d'Asie, d'Afrique, d'Espagne et de Grèce? La plupart des historiens croient que c'étoit pour visiter et régler les provinces de l'empire; les autres, que c'étoit pour régner sans inquiétude, et que pour cela il avoit abandonné aux Parthes la Syrie, l'Arménie et la Mésopotamie.

(47.)

Pourquoi, après avoir fait relever Jérusalem, Adrien changea-t-il le nom de cette ville? Les Juifs rebelles, s'étant rangés sous les étendards d'un prétendu messie nommé Barkochébas, furent taillés en pièces par Adrien, qui fit bâtir sur les ruines de Jérusalem la ville d'Ælia, et défendit rigoureusement à tout Juif d'habiter jamais cette ville, à laquelle il avoit donné son nom.

(48.)

Comment l'empereur Adrien fit-il voir que les Chrétiens lui étoient aussi odieux que les Juifs? Il fit placer l'idole de Jupiter à l'endroit de la résurrection de Jésus-Christ, et une Vénus en marbre sur le Calvaire; il fit aussi planter un bois en l'honneur d'Adonis à Bethléem, où le Sauveur étoit né.

(49.)

Jusqu'où Adrien porta-t-il son attachement pour le jeune Antinoüs, l'un de ses courtisans? Il fit bâtir en Égypte une ville en son honneur; et après que ce jeune homme se fut immolé, dit-on, dans un sacrifice célèbre pour prolonger la vie de l'empereur, il lui fit élever des temples, lui donnant des prêtres, des prophètes, et un oracle.

Antonin le pieux. Marc-Aurèle le sage
Avec le mou Vérus son empire partage.

(50.)

En quoi Marc-Antonin, successeur d'Adrien, mérita-t-il particulièrement le surnom de Pieux ? Il ne fit jamais la guerre que pour repousser l'agression, ayant pour maxime qu'il valoit mieux conserver un seul citoyen que de tuer mille ennemis; et il défendit toutes recherches contre ceux qui avoient conspiré contre lui.

(51.)

Quel personnage le vertueux Marc-Aurèle, gendre et successeur d'Antonin, s'associa-t-il à l'empire? Il s'associa Lucius-Vérus, et ces deux empereurs furent les premiers qui régnèrent ensemble avec le titre d'Auguste.

(52.)

Comment les deux empereurs Marc-Aurèle et Lucius-Vérus montrèrent-ils un ca-

ractère opposé? Lucius-Vérus, prince mou, se livra à la volupté; Marc-Aurèle, au contraire, soutint toujours dans sa conduite la réputation de sage et de philosophe.

(53.)

Comment finit Lucius-Vérus, que Marc-Aurèle son collègue avoit éloigné de Rome pour l'honneur de l'empire? Après avoir vaincu les Parthes par le talent de ses lieutenants, il se livra au plaisir et à la débauche dans la ville d'Antioche, où il finit bientôt de vivre.

(54.)

Que fit Marc-Aurèle afin de subvenir aux frais de la guerre, sans mettre d'impôt sur le peuple? Il vendit les ornements impériaux, qu'il racheta ensuite avec le produit des dépouilles prises sur l'ennemi.

(55.)

Quelle preuve de patience et de résignation donna particulièrement Marc-Aurèle? Il vit peut-être avec trop d'indifférence les désordres de son épouse Faustine et de sa fille, et il supporta, sans se plaindre, les souffrances inséparables d'une santé délabrée, pour laquelle il attacha auprès de sa personne le célèbre Galien.

(56.)

Que dit l'empereur Marc-Aurèle à ceux qui lui reprochoient de ne vouloir rien entreprendre sans le conseil du sénat? « N'est-il pas plus raisonnable à moi de suivre l'avis d'un si grand nombre d'amis judicieux, que de vouloir plier leur avis à ma seule volonté? »

Commode le cruel, Pertinax, Didius;
Niger avec Albin par Sévère vaincus.

(57.)

Par quelle cruauté Commode, fils et successeur du vertueux Marc-Aurèle passa-t-il pour un monstre, l'an 180? Il fit périr, à l'exemple de Néron, les plus célèbres citoyens de Rome, n'épargna pas même le sang de sa propre sœur, qu'il avoit séduite, et persécuta cruellement les chrétiens.

(58.)

Comment l'empereur Commode joignit-il l'extravagance au déréglement des mœurs? Il obligea ses courtisans à figurer parmi les gladiateurs, comme il faisait lui-même, et voulut être adoré sous le nom et sous les attributs d'Hercule.

(59.)

Comment finit l'empereur Commode, l'an 182? Tandis qu'il écrivait un arrêt de mort contre ceux qui avoient osé lui donner un avis, Martia, une de ses courtisannes, lui donna un breuvage empoisonné; et voyant que l'effet en étoit trop lent, elle le fit étrangler par un athlète.

(60.)

Qui succéda à l'empereur Commode? Elvius, dit Pertinax, c'est-à-dire obstiné, à cause de l'opiniâtreté avec laquelle il refusa l'empire.

(61.)

Quel fut le sort de l'empereur Pertinax, qui, dit-on, étoit fils d'un faiseur de briques? Cet empereur, qui commençoit à faire oublier la tyrannie de Commode, et à faire revivre les vertus de Marc-Aurèle, fut tué au bout de trois mois par les soldats prétoriens, mécontents de ce qu'il leur faisait observer rigoureusement la discipline militaire.

(62.)

Qu'a-t-on remarqué au sujet de Pertinax? Qu'il fut le dernier de cette chaîne de bons princes qui, commencée à Vespasien, ne fut interrompue que par Domitien et Commode.

(63.)

Qui succéda à Pertinax? Ce fut Didius Julien, qui obtint, à prix d'argent, l'empire, l'an cent trente-trois; mais qui fut mis à mort, par ordre du sénat, après un règne de deux mois.

(64.)

A qui le sénat déféra-t-il l'empire? A Septime Sévère, qui sut s'y affermir par la défaite de ses deux compétiteurs Niger, gouverneur de la Syrie, et Albin, gouverneur de la Grande-Bretagne.

(65.)

Quelle fut la conduite de Sévère? Il exerça sur la famille et les amis d'Albin les plus cruelles vengeances; et après avoir vaincu les Parthes, il prit le surnom de Parthique.

La femme de son fils, fille de Plautien,
Eut pour cinquante rois ce qu'il falloit de bien.

(66.)

Quelle riche dot porta en mariage la femme de Caracalla, fils de Sévère? Cette femme, fille de Plautien, sénateur romain, eut en dot une somme qui, dit-on, auroit suffi à cinquante reines pour épouser cinquante rois.

(67.)

Où mourut l'empereur Sévère? A York en Angleterre, où il s'était rendu accompagné de ses deux fils Caracalla et Géta.

(68.)

Quel ouvrage l'empereur Sévère avoit-il entrepris en Angleterre avant sa mort? La construction d'une muraille, dont il reste encore des débris, et qui devait aller depuis la mer d'Irlande jusqu'à la mer du Nord, pour arrêter les incursions des Pictes.

IIe SIÈCLE APRÈS JÉSUS-CHRIST.

DEPUIS L'AN 300 JUSQU'A L'AN 400.

(*Case* 16 *du Tableau.*)

Un fratricide affreux commis par Caracalle.
Macrin fut meurtrier, comme Héliogabale.

(69.)

Qui fut Caracalla? Il fut fils et successeur de Septime Sévère, dont il avait avancé les jours dans la vue de régner.

(70.)

Quel horrible fratricide commit Caracalla presque en montant sur le trône, l'an 212?

Pour n'avoir point à partager l'empire avec s
frère Géta, il eut la barbarie de le poignard
dans les bras de Julie leur mère commun
qui, voulant parer les coups, reçut plusieu
blessures.

(71.)

Que fit Caracalla après avoir tué son frèr Géta? Voulant en quelque sorte diminuc l'horreur de son crime, il fit mettre Géta au rang des Dieux, et dit, en plaisantant, qu'il se soucioit très peu que son frère fût dans le ciel, pourvu qu'il ne régnât pas sur la terre.

(72.)

Quelles autres cruautés commit Caracalla après le meurtre de Géta? Il fit mourir la sœur de l'empereur Commode; ensuite Papinien, fameux jurisconsulte; puis plusieurs vestales, qu'il fit enterrer vivantes après les avoir déshonorées; et enfin un grand nombre d'habitants d'Alexandrie, parce que dans cette ville on avoit tourné en ridicule son mariage scandaleux avec sa mère, et donné aux deux époux les noms d'OEdipe et de Jocaste.

(73.)

Quelle fut la fin de l'empereur Caracalla, l'an 217? Pendant qu'il satisfaisait à un besoin de la nature, il fut tué par un émissaire de Macrin, natif d'Alger, de gladiateur devenu préfet du prétoire, et ensuite nommé empereur par les soldats.

(74.)

Combien de temps régna Macrin, qui s'étoit associé son fils Diadumène? Il ne régna que peu de mois, à cause de sa sévérité envers les soldats, qui le firent mourir avec son fils.

(75.)

Quelle a été l'origine de l'empereur Héliogabale, successeur de Macrin? Il se disoit fils de Caracalla; mais on assure qu'il étoit fils de Varius Marcellus et de Sœmias, femme née à Apamée en Syrie, dont la sœur avait épousé Septime Sévère.

(76.)

Comment, à l'âge de quatorze ans, Héliogabale, parvint-il au trône? Par les menées de Sœmias sa mère, de Julie Mammée sa tante, et de Mœsa sa grand'mère.

(77.)

Pourquoi Héliogabale fut-il ainsi appelé? Parce qu'il avoit été prêtre d'une divinité adorée sous ce nom en Phénicie.

(78.)

Par quelles horreurs se fit connoître d'abord Héliogabale? Il fit choisir un grand nombre d'enfants pour les immoler en sacrifice à son Dieu Héliogabale, qu'il forçoit ses sujets à adorer sous la forme d'une pierre noire taillée en cône.

(79.)

De quelles extravagances Héliogabale s'avisoit-il dans ses repas ? Il réunissoit dans certains jours, à sa table, tantôt huit caducs, tantôt huit chauves, ou borgnes, ou boiteux.

(80.)

Quel amusement barbare se permettoit Héliogabale à ses soupers? Il se plaisoit à y inviter des gens de la dernière classe du peuple; il les faisoit asseoir sur de gros ballons remplis d'air, qui, se vidant tout-à-coup, précipitoient ces malheureux dans des fossés, pour y être la proie des ours et d'autres bêtes féroces.

(81.)

Jusqu'où Héliogabale porta-t-il la légèreté et l'inconséquence ? Il établit sur le mont Quirinal un sénat, où les femmes décidoient des modes et des parures, sous la présidence de Sœmias sa mère, qui en même temps assistoit aux délibérations du sénat de Rome.

(82.)

Quelle fut la fin d'Héliogabale, l'an 222? Après avoir régné près de quatre ans, il fut massacré par les soldats de sa garde, qui traînèrent ignomineusement son cadavre dans les rues.

Alexandre Mammée est vainqueur du Persan.
Artaxercès, fléau du Parthique Artaban.

(83.)

Comment Alexandre Sévère, surnommé Mammée, succéda-t-il à Héliogabale? Ce prince, l'un des plus humains et des plus équitables, vivant retiré de la cour d'Héliogabale, dont il ne pouvoit supporter les infamies, fut élevé à l'empire par les soldats prétoriens.

(84.)

Comment Alexandre Sévère punit-il un courtisan qui prétendoit vendre son crédit auprès de l'empereur? Il ordonna qu'il fût lié à un poteau, et qu'on allumât autour de lui du foin et du bois vert, tandis qu'un héraut crieroit: « Le vendeur de fumée est puni par la fumée. »

(85.)

Jusqu'où l'empereur Alexandre Sévère montra-t-il de l'inclination pour la religion chrétienne ? Il rendit un édit en faveur de ceux qui la professoient, fit écrire en gros caractères, sur les murs de son palais, cette maxime chrétienne : « Ne faites point à autrui ce que vous ne voudriez pas qu'on vous fît. » Enfin il garda, dit-on, dans son palais, l'image de J.-C. avec celles des autres divinités qu'il adoroit.

(86.)

Quel avantage eut Alexandre Sévère contre les Perses ? Il chassa des terres de l'empire le roi de Perse Artaxercès, ennemi redoutable, qui avoit détruit le royaume des Parthes dans la personne de leur dernier roi Artaban. (La puissance des Parthes avoit duré quatre cent soixante-six ans, depuis Arsacès leur premier roi.)

(87.)

Que fit Alexandre Sévère après avoir vaincu Artaxercès ? Ayant distribué le butin aux soldats et aux officiers, il revint à Rome, où il fut salué du nom de Persique.

(88.)

Combien de temps Alexandre Sévère jouit-il du fruit de sa victoire contre Artaxercès ? L'année suivante 235, lorsqu'il se préparoit à passer le Rhin, les Gaulois, accoutumés à la licence, et irrités de ce que sa mère Mammée retenoit leur paye, se soulevèrent contre lui, et les assassinèrent tous deux près de Mayence.

Un Thrace, né berger, l'énorme Maximin.
Entre trois Gordiens, Pupiénus, Balbin.

(89.)

Comment Maximin, simple berger né en Thrace, parvint-il à l'empire? Sa bravoure, accompagnée d'une taille prodigieuse, qu'on dit avoir été de huit pieds, le fit proclamer empereur à la place d'Alexandre Sévère, au meurtre duquel il avoit eu beaucoup de part.

(90.)

Quelle fut la conduite de l'empereur Maximin? Se voyant en butte au mépris de ses courtisans, à cause de la rudesse de ses mœurs et de l'obcurité de son origine, il prit le parti de les exterminer tous, et avec eux un grand nombre de personnages distingués : sa cour resta déserte.

(91.)

Qui donna occasion à l'horrible persécution que l'empereur Maximin excita contre les Chrétiens? Ce fut un soldat chrétien qui avoit refusé de prendre de la main de cet empereur une couronne de laurier, dans la crainte de commettre un acte d'idolâtrie.

(92.)

Quel effet eurent les cruautés de l'empereur Maximin et les exactions tyranniques de ses intendants, surtout en Afrique, l'an 237? Les légions y proclamèrent empereur le proconsul Gordien, qu'ils forcèrent d'accepter cette dignité, quoiqu'il fût âgé de quatre-vingts ans.

(93.)

Que fit le sénat, instruit de la nouvelle élection de Gordien? Il décerna à Gordien le titre d'Auguste, et déclara Maximin et son fils ennemis publics.

(94.)

Combien de temps régna le vertueux Gordien, qui s'étoit associé à l'empire son fils, nommé aussi Gordien? Six semaines après son élection, cet empereur fut défait par Capellien, gouverneur de Mauritanie, partisan de Maximin : apprenant en même temps la déroute et la mort de son fils, il s'étrangla de désespoir avec sa ceinture.

(95.)

Que fit le sénat après la mort des deux Gordiens? Il proclama Pupiénus et Balbin, auxquels les soldats voulurent qu'on associât le jeune Gordien, l'an 238 : c'est ainsi que Pupiénus et Balbin se trouvèrent régner entre trois Gordiens.

(96.)

Comment finit Maximin, l'an 238 ? Au moment où il se portoit sur Rome pour se venger du sénat et y mettre tout à feu et à sang, il fut massacré, ainsi que son fils, devant Aquilée, par ses soldats, qui craignoient que tout l'empire ne se tournât contre eux.

(97.)

Qu'avoient fait les dames romaines pour défendre leur ville contre les fureurs de Maximin? Comme on manquoit de cordes pour les machines de guerre destinées à la défense de Rome, elles coupèrent, dit-on, leurs cheveux pour y suppléer.

(98.)

Comment gouverna le jeune Gordien, resté seul empereur, après que ses collègues Pupiénus et Balbin, nommés par le sénat, eurent été massacrés par les soldats? Ce jeune homme conduit par les conseils du savant et vertueux Misisthée, dont il avoit épousé la fille Sabina, régna avec toute la sagesse d'un vieillard, fit des efforts pour rendre ses sujets heureux, et remporta une grande victoire sur Sapor, roi des Perses, qu'il mit hors d'état de nuire aux Romains.

(99.)

Comment finit le jeune Gordien, l'an 244? Il fut assassiné par les ordres de Philippe, arabe de nation et préfet du prétoire, qui s'empara du trône. La perte de ce jeune prince fut vivement sentie, et l'on grava sur sa tombe cette épitaphe : « Au divin Gordien, vainqueur des Perses, des Sarmates, etc., mais non de Philippe. »

Sous Argonte, les Goths sortirent de Scythie.
Les Philippe tués par Dèce en Pannonie.

(100.)

Que firent les Goths, sortis de la Scythie et d'autres contrées barbares vers le milieu du troisième siècle? Ils se répandirent dans la Germanie et dans la Sarmatie, sous leur roi Argonte, et insultèrent ensuite l'empire romain.

(101.)

A quelle occasion les empereurs Philippe père et fils, qui avoient succédé à Gordien, furent-ils tués et remplacés par Décius? Les peuples de la Pannonie, qui s'étoient révoltés contre les Philippe, élurent en leur place le général romain Décius, qu'on avoit envoyé contre eux, et qui régna seul, après avoir fait mourir ses deux rivaux.

(102.)

Comment finit l'empereur Décius, auteur de la septième persécution contre les Chrétiens? Il fut noyé, l'an 249, dans un marécage, où il s'étoit trop avancé pour combattre les Goths, et pour venger la perte de son fils, qui venoit d'être tué dans la mêlée.

Gallus, Volusien, qu'Emilien chassa.
Puis vint Valérien, que Sapor écorcha.

(103.)

Comment Gallus occupa-t-il le trône après Décius, l'an 251*?* Il y fut porté par ses soldats, qui deux ans après le trouvant incapable de régner, les massacrèrent avec son fils Volusien, qu'il s'étoit associé à l'empire.

(104.)

Qui succéda à l'empereur Gallus? Emilien, né en Mauritanie, que ses victoires contre les Perses avoient déjà fait proclamer empereur par ses soldats, du vivant même de Gallus, après la mort duquel son élection fut confirmée par le sénat.

(105.)

Combien de temps Emilien jouit-il de la puissance souveraine ? Il fut tué très peu de temps après par Valérien, qui, au milieu de ses troupes et à son retour de la Germanie et des Gaules, fut reconnu empereur.

(106.)

Comment Valérien, cruel persécuteur des Chrétiens, fut-il traité par Sapor roi des Perses ? Ce roi l'ayant vaincu et fait prisonnier, se servit, dit-on, de lui comme d'un marche-pied, pour monter à cheval. Dans la suite il le fit écorcher vif, et suspendit sa peau dans le temple, comme un monument ignominieux pour les Romains.

Gallien, fils ingrat; Claude, honneur de l'empire.
Aurélien vainquit Zénobie en Palmire.

(107.)

En quoi Gallien, fils et successeur de Valérien, se montra-t-il ingrat ? Au lieu d'aller délivrer son père, retenu prisonnier par les Perses, et traité par eux d'une manière barbare, il confia le soin de le venger à son général Odenat, et resta plongé à Rome dans la mollesse et la volupté.

(108.)

Quels désastres éprouva l'empire du temps de l'empereur Gallien ? Les Francs et les Germains se jetèrent vers Ravenne; les Allemands firent des incursions dans les Gaules, les Goths dans l'Asie, les Sarmates dans la Pannonie, et les Perses en Syrie.

(109.)

Comment finit Gallien, l'an 268 ? Ses sujets, révoltés de sa lâcheté, le firent mourir, ainsi que son fils Valérien le jeune, qu'il avoit associé à l'empire.

(110.)

Quelle expédition glorieuse fit Claude II, déclaré empereur par l'armée après la mort de Gallien, l'an 260 ? Il défit plusieurs fois les Goths et autres peuples barbares, dont on assure qu'il tua, en différens combats, plus de trois cent mille, et auxquels il prit plus de deux mille vaisseaux sur le Danube, vers le Pont-Euxin.

(111.)

Qui succéda à Claude II, mort de la peste au milieu de son armée ? Ce fut Aurélien, prince bon et vaillant, choisi par l'armée de Thrace au préjudice de Quintilius, qui, obligé de lui céder, se fit ouvrir les veines de désespoir.

(112.)

Pourquoi Aurélien fit-il la guerre à Zénobie, veuve d'Odenat, roi de Palmire? Parce que cette reine vouloit, contre le gré d'Aurélien, soutenir l'indépendance que sa nation avoit acquise sous l'empereur Gallien, par les services qu'elle avoit rendus aux Romains contre les Perses.

(113.)

Comment se termina la guerre entre Aurélien et Zénobie? Zénobie, après s'être vaillamment défendue, fut prise enfin et emmenée à Rome pour servir au triomphe d'Aurélien, qui l'y laissa vivre honorablement dans la suite; mais il fit mourir le fameux Longin, qui avoit conseillé à Zénobie de résister aux Romains.

(114.)

Comment finit Aurélien, auteur de la neuvième persécution contre les Chrétiens? Mnesteüs, son secrétaire, ayant trouvé son propre nom sur des tablettes de proscription, que cet empereur gardoit sous le chevet de son lit, se mit à la tête des proscrits, et fit mourir son maître.

Tacite, Florien, Francs domptés par Probus. Carin, Numérien, fils divers de Carus.

(115.)

Comment Tacite, âgé de soixante-dix ans, parvint-il à l'empire? Ce prince modéré, et qui se faisoit honneur de compter dans sa famille l'historien Tacite, refusa long-temps la dignité d'empereur, mais il l'accepta enfin par condescendance pour le sénat, que l'armée avoit prié de se choisir un chef.

(116.)

Pourquoi deux mois après la mort de l'empereur Tacite, Florien, son frère et son successeur, s'ouvrit-il les veines, l'an 276? C'est parce qu'il vit que l'armée d'Orient avoit forcé Probus d'accepter l'empire, et que celui-ci ne vouloit pas composer avec lui.

(117.)

Par qui les Francs ou Germains, qui s'étoient alors répandus dans les Gaules, en furent-ils chassés? Par l'empereur Probus, dont le nom peignoit très bien le caractère, mais que les soldats tuèrent en Illyrie, parce qu'il les faisoit travailler aux ouvrages publics.

(118.)

Quelles autres incursions firent les Francs

sous le règne de Probus? Ils passèrent en Grèce, en Sicile, en Afrique ; et, après avoir ravagé les côtes d'Espagne, ils s'en retournèrent chez eux chargés de dépouilles.

(119.)

Quel fut le successeur de Probus? Ce fut Carus, qui s'associa à l'empire ses deux fils Carin et Numérien.

(120.)

Quels caractères opposés montrèrent les deux fils de Carus? Carin fut vicieux et méprisé ; Numérien fut très estimé comme prince, et aussi comme orateur et poète.

(121.)

Quel fut le sort de Numérien, qui avoit pleuré, dit-on, la mort de son père jusqu'à en perdre la vue? Il fut assassiné par Aper son beau-père, qui, voulant cacher ce crime, fut bientôt trahi par l'odeur du cadavre.

De Dioclétien l'inquiète prudence
Nomme Maximien, Galérius, Constance.

(122.)

Comment Dioclétien vengea-t-il la mort de son prédécesseur Numérien? Il tua le perfide Aper, dont le nom signifie *sanglier*: et crut voir par là s'accomplir l'oracle qui lui avoit prédit l'empire après qu'il auroit tué le sanglier.

(123.)

Que fit Dioclétien, menacé sur tous les points de l'empire par différentes nations barbares? Il s'associa d'abord Maximien, surnommé Hercule, à cause de sa valeur, et avec lui il créa deux Césars, savoir, Constance-Chlore et Maximien Galère, surnommé Armentarius, parce qu'il avoit été berger.

(124.)

Que firent les princes que Dioclétien s'étoit associés pour relever l'honneur de l'empire, dont plusieurs provinces s'étoient révoltées? Ils se partagèrent en divers lieux: Dioclétien alla en Égypte, et cette province rentra dans le devoir; Maximien Hercule eut un pareil succès en Afrique; Galère en Asie; et Constance-Chlore vers le nord, où il réduisit la Bretagne et les Sarmates, et reprit la Batavie sur les Francs.

(125.)

Comment Galère, ayant été d'abord vaincu par les Perses, fut-il traité à son retour par Dioclétien, l'an 296? Avec tant de mépris que, ranimant bientôt son courage, il revint avec fureur fondre sur les Perses, et prit leur roi Narsès, avec sa femme et ses enfants.

(126.)

Comment Galère, après sa seconde expédition contre les Perses, fut-il accueilli, l'an 297? Avec des honneurs extraordinaires, surtout lorsque lui et Dioclétien entrèrent triomphants dans Rome.

(127.)

Dans quelle ville l'empereur Dioclétien montra-t-il son extrême acharnement contre les Chrétiens? Ce fut à Nicomédie, lieu de sa résidence, où il fit brûler les temples, ainsi que les livres saints, et suscita la dixième et la plus violente persécution contre l'Eglise.

(128.)

Quel fut le motif qui porta Dioclétien à quitter l'empire pour se retirer dans les jardins de Salone en Dalmatie, sa patrie? On dit que ce fut par le dépit qu'il conçut de n'avoir pu exterminer les Chrétiens. D'autres croient que ce fut à cause de l'affoiblissement de sa santé, et des vexations qu'il éprouvoit journellement de la part de Maximien Galère.

(129.)

Comment Dioclétien parut-il dans sa retraite? Bien plus content qu'il n'avoit été sur le trône, et il engagea son collègue Maximien Hercule à l'imiter, et à quitter l'empire.

IVe SIÈCLE APRÈS JÉSUS-CHRIST.

DEPUIS L'AN 300 JUSQU'A L'AN 400.

(*Case 17 du Tableau.*)

Galère avec Chlorus, Sévère et Maximin.
Maxence le tyran, Licine et Constantin.

(130.)

Par qui furent remplacés, après leur retraite, les empereurs Dioclétien et Maximien Hercule, l'an 304? Par les deux Césars Galère et Constance Chlore, qui furent proclamés Augustes.

(131.)

Quels princes Galère et Constance Chlore s'associèrent-ils? Galère créa Césars deux enfants de ses sœurs; savoir, Sévère et Maximin; Constance Chlore s'associa son fils Constantin.

(132.)

Comment Galère, Sévère, Maximin et

Constance Chlore partagèrent-ils le gouvernement de l'empire? Galère se maintint dans l'Illyrie; Sévère eut l'Italie avec l'Afrique; Maximin eut l'Orient; et C. Chlore se contenta du gouvernement de la Bretagne et des Gaules.

(133.)

Comment finit Constance Chlore, l'an 306? Il mourut à Yorck, entre les bras de son fils Constantin, qui, pour l'assister, vint de Nicomédie, lieu où résidoit Galère.

(134.)

De quel moyen se servit Constantin pour s'échapper de la cour de Galère, à qui il étoit devenu suspect? Il prit la poste; et, craignant d'être atteint, il fit couper sur la route les jarrets à tous les chevaux qui ne lui servoient pas.

(135.)

Quel trait de modestie rapporte-t-on de Constance Chlore, père de Constantin? Qu'il ne se servoit que de vaisselle de terre dans ses repas de famille, et qu'il empruntoit de la vaisselle d'argent pour les jours qu'il mangeoit en public.

(136.)

Quelle réponse fit C. Chlore aux envoyés de Dioclétien, qui lui reprochoient sa par-

cimonie ? Il fit entendre à ses sujets qu'il avoit besoin d'argent; et, ayant reçu d'eux sur-le-champ des sommes considérables, il les montra aux envoyés, en leur disant : « Dites à Dioclétien qu'un prince ne manque jamais de rien quand il a le cœur de ses sujets. »

(137.)

Comment Maxence, fils de Maximien Hercule, usurpa-t-il l'empire ? Il se fit proclamer à Rome à la place de Sévère, qui, étant venu pour le combattre, fut abandonné par ses soldats.

(138.)

Que fit Maximien Hercule, témoin des succès de son fils Maxence ? Sortant de la retraite, où il n'étoit entré qu'à contre-cœur, il voulut partager l'empire avec lui; mais il fut bientôt obligé de se retirer à Trèves, auprès du grand Constantin son gendre.

(139.)

Comment finit Maximien Hercule, l'an 310 ? Ayant conspiré contre Constantin, ce prince lui laissa le choix de son genre de mort; il s'étrangla à Marseille.

(140.)

Que devint Maxence qui occupoit la place

de Sévère sans vouloir entrer en accommodement avec Constantin? Constantin, marchant contre lui, l'an 312, traversa les Alpes, le vainquit près de Vérone, puis proche de Rome à Ponte-Molle, où Maxence, voulant se sauver, fut noyé dans le Tibre.

(141.)

Quelle femme épousa Licinius, créé César par Galère à la place de Sévère? Il épousa la sœur de Constantin, et partagea l'empire avec lui; mais, ayant persécuté les Chrétiens, il s'attira l'indignation de cet empereur, qui avoit embrassé leur culte.

(142.)

Que fit Constantin dans sa dispute avec son beau-frère au sujet des Chrétiens, l'an 325? S'étant avancé contre lui, il le défit dans plusieurs combats, et le mit à mort.

(143.)

Comment s'étoit opérée la conversion du grand Constantin? Ce prince, né d'un père qui avoit déjà traité favorablement les Chrétiens, cultiva leur amitié, et un jour, qu'en allant combattre le tyran Maxence il crut reconnoître le signe de la victoire dans l'apparition miraculeuse d'une croix, il promit à sainte Hélène, sa mère, de se convertir : en effet, il embrassa le christianisme avec éclat, immédiatement après avoir vaincu Maxence.

(144.)

Quel malheur domestique troubla le repos de Constantin, l'an 326? Ayant fait mourir Crispus, né de Minervine sa première femme, parce que Fausta, belle-mère de Crispus, l'accusoit d'avoir attenté à sa pudeur, il découvrit ensuite la calomnie de Fausta, et la fit étouffer dans un bain chaud.

(145.)

Que fit Constantin après avoir rebâti la ville de Bysance, et l'avoir enrichie des dépouilles de l'Europe? Il l'appela de son nom Constantinople, c'est-à-dire ville de Constantin. Il en fit une nouvelle Rome, et y transféra le siége de l'empire, devenu alors plus florissant qu'il ne l'avoit été sous ses prédécesseurs.

Trois frères, Constantin, Constant avec Constance,
Qui, resté seul, défit et Magnence et Décence.

(146.)

Après la mort de Constantin à Nicomédie, comment l'empire fut-il partagé entre ses trois fils? Constantin II eut la Grande-

Bretagne, la Gaule et l'Espagne; Constant l'Italie, l'Afrique et l'Illyrie; Constance régna en Orient.

(147.)

Que devinrent les deux frères de Constance, l'an 350? Constantin II, son aîné, fut tué auprès d'Aquilée, où il étoit venu combattre son frère Constant; et Constant lui-même fut tué dans le Roussillon par les artifices de Magnence, qui se fit proclamer empereur des Gaules.

(148.)

Quel fut le sort de Magnence après une bataille qu'il perdit dans la Pannonie, l'an 351? Magnence, s'étant retiré dans les Gaules, y fut défait par Constance, et se tua de désespoir à Lyon; son frère Décence, créé César quelque temps auparavant, s'étrangla à Sens, où il avoit appris la fin tragique de son frère.

(149.)

En quoi le règne de Constance fut-il malheureux? Par l'hérésie d'Arius, qui causa les plus grands désordres, par les invasions des Perses, et par la révolte de Julien, fils d'un frère du grand Constantin.

(150.)

Comment mourut l'empereur Constance?

En allant combattre Julien, qui se rendoit de jour en jour plus puissant par ses exploits militaires contre les Francs et les Germains.

Rome eut pour empereurs, lorsqu'en Perse est Sapor,
L'apostat Julien, Jovien trop tôt mort.

(151.)

Pourquoi Julien, qui régnoit à Rome quand la Perse avoit pour roi Sapor, fut-il surnommé l'Apostat? Parce que cet empereur, renonçant au christianisme, persécuta les Chrétiens; leur défendit les lieux où l'on pouvoit instruire leurs enfants, et s'empara des biens des églises, sous prétexte que l'Evangile appeloit bienheureux les pauvres.

(152.)

Comment finit Julien, au bout d'un an de règne? Il mourut à la suite des blessures qu'il avait reçues dans une bataille contre les généraux de Sapor II, roi de Perse.

(153.)

Comment Sapor II, roi de Perse, mort l'an 380, s'étoit-il fait connoître? Par sa cruauté envers les Chrétiens; par les victoires qu'il remporta sur les Romains, et qui furent une des causes de la décadence de l'empire;

par la durée de son règne de plus de soixante-dix ans, vu que son père l'avoit fait reconnoître roi plusieurs mois avant sa naissance.

(154.)

Combien de temps régna Jovien, successeur de Julien l'Apostat? Ce prince, qui ne voulut accepter l'empire qu'à condition que ses sujets demeureroient chrétiens, mourut au bout de sept mois, après avoir cassé les édits de Julien, favorables au paganisme, et après avoir conclu avec les Perses une paix nécessaire, quoique peu honorable.

Grand et bon, mais colère, est Valentinien;
Puis son frère Valens fut cruel arien.

(155.)

Comment Valentinien succéda-t-il à Jovien, l'an 364? Il fut choisi à Nicée par les troupes qui rendirent justice à sa valeur, à ses talents, à ses vertus.

(156.)

Que fit Valentinien, étant monté sur le trône? Il associa à l'empire Valens, son frère, à qui il donna l'Orient, et garda pour lui-même l'Occident.

(157.)

En quoi particulièrement Valentinien montra-t-il son grand caractère? Lorsqu'il repoussa avec dédain le ministre des idoles, qui, au nom et en présence de Julien l'apostat, avoit voulu l'obliger à leur sacrifier.

(158.)

En quoi Valentinien montra-t-il son amour pour la justice? En faisant couper le poignet à ceux qui vendoient à faux poids, et en ordonnant des mesures vigoureuses pour prévenir toute espèce de fraude.

(159.)

A quel point l'empereur Valentinien, quoique vertueux, fut-il sujet au vice de la colère? Voyant arriver vers lui des ambassadeurs Sarmates en habits déchirés pour lui demander la paix, il prit leur démarche pour une insulte, entra dans une si grande fureur, et parla avec tant d'emportement qu'il se rompit une veine.

(160.)

Quelle hérésie professa Valens, frère de Valentinien, et son collègue à l'empire, l'an 375? L'arianisme, qu'il propagea parmi les Goths, répandus alors dans la Pannonie, et qu'il soutint au préjudice des catholiques.

(161.)

Jusqu'où alla l'ignorance, la cruauté et la superstition de l'empereur Valens? Il fit mourir tous ceux dont le nom commençoit par *Théod*, parce qu'un magicien lui avoit prédit que quelqu'un de ce nom lui causeroit la mort. Le père du grand Théodose, à qui il étoit redevable de grands services, n'en fut pas moins sa victime.

(162.)

Comment finit l'empereur Valens, l'an 378? Les Goths, révoltés contre lui, l'assiégèrent près d'Andrinople, et le brûlèrent dans une chaumière où il s'était réfugié.

Gratien, prince doux que Maxime a tué;
Valentinien deux, par le même chassé.

(163.)

A qui échut tout l'empire après la mort de Valens en Orient? A Gratien, fils et successeur de Valentinien I, qui étoit déjà empereur d'Occident depuis l'année 375, et qui, n'ayant encore que seize ans et demi, montra un caractère sage et modéré.

(164.)

Qui l'empereur Gratien s'associa-t-il pour

l'aider à soutenir le fardeau de l'empire ; l'an 379 ? Il s'associa Théodose, espagnol de naissance, homme brave, vertueux et éclairé, à qui il donna Constantinople, la Thrace et toutes les provinces de l'Orient.

(165.)

Quelle fut la fin malheureuse de Gratien, après un règne d'environ huit ans, l'an 383 ? Ce prince, chrétien par sentiment, et peu favorable aux païens et à leurs pontifes, dont il avoit confisqué les biens, fut abandonné par ses troupes, qui reconnurent Maxime, défirent Gratien près de Paris, et le massacrèrent ensuite à Lyon, où il s'étoit réfugié.

(166.)

Qui succéda à Gratien ? Valentinien II son frère, salué empereur par l'armée en Pannonie, et chassé, quatre ans après, de ses états par le tyran Maxime, qui résidoit à Trèves, et qui, déjà maître des Gaules, de l'Espagne, de l'Angleterre, alla ravager l'Italie, et y commit les plus grands excès.

Théodose vengea leur mort et leur affront,
Sur Eugène, Arbogaste.

(167.)

A qui eut recours Valentinien II pour

rentrer dans ses états, l'an 388? A Théodose-le-Grand, auprès duquel Valentinien II avoit été chercher un asile à Thessalonique, et qui vainquit Maxime, lui fit couper la tête, rétablit Valentinien, et entra triomphant dans Rome avec lui.

(168.)

Comment Valentinien II régna-t-il après être rentré dans ses états? Quoiqu'âgé d'environ vingt ans, il fit jouir l'empire de la paix, de la justice, de l'abondance.

(169.)

Quel malheur Arbogaste, Gaulois, fit-il éprouver à Valentinien II, l'an 372? Cet homme ambitieux, à qui Valentinien avoit sagement ôté le gouvernement de l'armée, se révolta contre lui, et, profitant d'une sédition dans les Gaules, y proclama empereur Eugène, grammairien, à condition qu'il permettroit l'idolâtrie, et fit ensuite étrangler à Vienne en Dauphiné l'empereur Valentinien II.

(170.)

Comment Théodose-le-Grand vengea-t-il la mort de Valentinien II, l'an 392? Ce prince, qui avoit déjà vengé la mort de Gratien II dans la personne de Maxime, vint avec son armée dans les Gaules, vainquit le tyran

Eugène, et réduisit Argobaste à se tuer lui-même.

(171.)

Quels services importants l'empereur Théodose-le-Grand rendit-il à l'Etat, vers l'an 395? Il força les Goths à demander sa protection; il amena les Perses à la paix, et soumit tous les ennemis de l'empire.

(172.)

Pour quelle faute saint Ambroise, archevêque de Milan interdit-il l'entrée de l'Eglise à Théodose-le-Grand? l'an 390? Parce que cet empereur, dans un accès de colère, avoit ordonné de passer au fil de l'épée six mille habitans de Thessalonique, coupables d'avoir assassiné un des généraux de l'empereur, et brisé la statue de l'impératrice.

On vit, sous Stilicon,
Honorius puîné régner dans l'Occident;
Arcade, sous Rufin, régner dans l'Orient.

(173.)

Comment finit Théodose-le-Grand, l'an 395? Au moment où se faisoient à Constantinople de grands préparatifs pour le recevoir en triomphe, il tomba malade à Milan, et y mourut d'hydropisie, après avoir régné seize ans.

(174.)

Quel décret de Théodose-le-Grand le fit placer parmi les monarques qui ont fait le plus d'honneur à l'humanité? « Si quelqu'un disoit-il, s'emporte jusqu'à diffamer notre nom, notre gouvernement, notre conduite, nous ne voulons pas qu'il soit sujet à la peine ordinaire portée par les lois; car si c'est par légéreté qu'il a mal parlé de nous, il faut le mépriser; si c'est par une aveugle folie, il est digne de compassion; si c'est par malice, il faut lui pardonner. »

(175.)

Qui succéda à Théodose-le-Grand, le dernier qui ait possédé en entier l'empire romain? Ce furent son fils puîné Honorius, âgé de onze ans, qui fixa le siége de l'empire d'Occident à Rome, sous la conduite de Stilicon; et Arcadius son aîné, qui régna dans l'Orient, à Constantinople, sous la conduite de Rufin.

(176.)

Comment l'inexpérience et la jeunesse d'Honorius et d'Arcadius influèrent-elles sur le sort de l'empire? Ces princes, laissant libre carrière aux jalousies mutuelles de leurs ministres, qui tentoient de s'agrandir aux dépens des pupilles, occasionèrent tous les malheurs de l'état.

(177.)

Quel sort eut Rufin, qui, avec le secours des Goths, vouloit se faire associer à l'empire par le jeune Arcadius, l'an 397? Les soldats le massacrèrent devant le palais, à l'instigation de Gaïnas, Goth de nation, général des armées, émissaire de Stilicon.

(178.)

Comment, sous Honorius, l'empire d'Occident vint-il à tomber, l'an 423? Par la perfidie de Stilicon son beau-père et son tuteur, qui porta divers peuples barbares à la révolte dans la vue de faire, par ce moyen, passer l'empire à son propre fils Euchez.

(179.)

Quelle fut la suite des troubles excités par Stilicon contre Honorius? Ils causèrent la division de l'empire romain, qui, par l'invasion des peuples barbares, devint bientôt leur proie.

Ve SIÈCLE APRÈS JÉSUS-CHRIST.

DEPUIS L'AN 400 JUSQU'A L'AN 500.

(*Case* 18 *du Tableau.*)

Le jeune Théodose et sa sœur Pulchérie
Ont l'Orient au temps que se perd l'Italie.

(180.)

Qui succéda à l'empereur Arcadius, mort à Constantinople, l'an 408? Son fils Théodose II le jeune, sous la conduite de Pulchérie sa sœur qui gouverna l'État sous le nom de son frère.

(181.)

Comment Pulchérie corrigea-t-elle la foiblesse de son frère Théodose le jeune, qui alloit jusqu'à signer ce qu'on lui présentoit, sans prendre même la peine de le lire? Elle lui présenta un acte, par lequel l'empereur abandonnoit l'impératrice sa femme Eudoxie, pour être esclave. Il le signa sur-le-champ; et lorsque Pulchérie lui eut montré ce qu'il venoit de faire, il en eut une telle confusion qu'il ne retomba jamais dans la même faute.

(182.)

Quel recueil de lois publia Théodose le

jeune? Le Code dit Théodosien, de son nom, dans lequel se trouvent recueillies les lois que les empereurs légitimes avoient faites avant lui.

(183.)

Jusqu'où allèrent les soupçons inspirés à Théodose le jeune par son ministre Chrisaphius? Jusqu'à lui faire éloigner sa sœur Pulchérie; mais cette sage princesse revint au bout de quelque temps, et ouvrit les yeux à son frère sur les pernicieux artifices de Chrisaphius.

(184.)

Comment succomba entièrement l'empire d'Occident, lorsque celui d'Orient étoit encore bien gouverné? Ce fut par l'irruption des peuples barbares, qui fondirent en masse sur toutes les parties de l'Italie.

Au Goth, au Bourguignon, au Vandale, à l'Alain,
Au Suève, est l'Occident de l'empire romain.

(185.)

Quels furent les peuples qui, sous Honorius, vinrent ravager l'Italie au commencement du cinquième siècle? Ce furent les Goths, les Bourguignons, les Vandales, les Alains et les Suèves.

(186.)

Qui étoient les Goths? Des peuples sortis originairement de la Gothie et de la Scythie, qui, vers le troisième siècle, fondirent sur l'empire romain, en occupèrent les frontières, et s'y maintinrent en qualité d'alliés.

(187.)

Quelle étoit la religion des Goths? Ils professoient la religion catholique du temps du grand Constantin; mais ils embrassèrent depuis l'arianisme, à la persuasion de l'empereur Valens.

(188.)

Comment s'appeloient les Goths qui habitoient les pays les plus occidentaux? Ils s'appeloient Visigoths, et ceux de cette nation qui habitoient vers l'orient furent appelés Ostrogoths.

(189.)

Jusqu'où les Visigoths s'avancèrent-ils dans l'empire, lorsque Stilicon les y appela sous l'empereur Honorius? Jusque dans l'Italie qu'ils ravagèrent en brigands, et où, après leur défaite et la mort de leur chef Radagaise, ils revinrent en force l'an 409, sous le roi Alaric, prendre et saccager Rome.

(190.)

Que faisoit, du temps de l'invasion des Goths l'empereur Honorius en Italie? Retiré à Ravenne, il y languissoit dans l'oisiveté; et pour y vivre plus tranquille, il maria sa propre sœur Galla Placidia au Visigoth Ataulphe son ennemi, beau-frère et successeur d'Alaric.

(191.)

Où alla régner Ataulphe après son mariage avec Galla Placidia? A la sollicitation de sa femme il quitta l'Italie, vint régner vers l'Espagne, en-deçà et au-delà des monts Pyrénées, et donna ainsi commencement à la monarchie espagnole.

(192.)

Que fit Honorius de retour à Rome de sa résidence de Ravenne? Il maria en secondes noces sa sœur Galla Placidia, veuve d'Ataulphe, tué à Barcelonne, et lui donna pour époux Constance, qui, l'ayant aidé à se défaire de divers tyrans en Italie et ailleurs, fut associé à l'empire.

(193.)

Quel fils naquit du Mariage de Constance avec Galla Placidia? Ce fut Valentinien III, qui succéda dans l'empire d'Occident à Honorius, mort l'an 423.

(194.)

Où les Bourguignons et les Vandales, de concert avec les Alains et les Suèves, se répandirent-ils? Ces peuples, sortis de divers endroits de la Germanie, firent presque au même temps des irruptions dans les Gaules; mais ensuite, à l'exception des Bourguignons, ils passèrent tous en Espagne, où ils eurent à combattre Vallia, roi des Visigoths.

(195.)

Où s'établirent les Bourguignons après leur irruption dans les Gaules? D'abord sur les rives du Rhin, vers l'Alsace, et ensuite dans le pays qui, de leur nom, fut appelé Bourgogne.

(196.)

Que firent les Vandales en Espagne, après avoir été battus par les Visigoths? Ils subjuguèrent les Suèves, auparavant leurs alliés, puis ils chassèrent les Romains de la Bétique, qui de leur nom fut appelée Vandalousie, et depuis Andalousie.

(197.)

Que devinrent les Alains dans leur expédition en Espagne? Quelques-uns d'entre eux demeurèrent dans les Gaules, sur les frontières de l'Espagne ; mais les autres, qui avoient passé les Pyrénées, furent défaits et détruits à moitié.

(198.)

Que firent les Alains qui avoient survécu à leur défaite en Espagne? Ils se joignirent aux Goths de la Catalogne, province qui, des deux peuples Goths et Alains, fut appelée Goth-Alaunia; puis, par corruption, Catalaunia ou Catalogne.

(199.)

Que devinrent les Suèves qui s'étoient retirés dans la Gallice et le Portugal? Ils y furent gouvernés environ cent quatre vingt-dix ans par des rois; mais, l'an cinq cent quatre-vingt-cinq, ils furent vaincus et soumis par les Visigoths d'Espagne.

Le royaume d'Espagne et l'empire François,
En l'an quatre cent vingt.

(200.)

Comment l'Espagne, qui faisoit partie de l'empire romain, devint-elle un royaume séparé? Par les victoires des Visigoths, qui, ayant défait d'abord les Alains en quatre cent dix-huit, puis les Suèves en cinq cent quatre-vingt-cinq, s'incorporèrent d'autres peuples, avec lesquels ils formèrent un royaume gouverné par un roi de leur nation.

(201.)

Quel autre royaume plus considérable s'établit encore sur les débris de l'empire romain, l'an 426 ? Ce fut le royaume de France fondé par les Francs, peuple de la Germanie, situés à l'embouchure du Rhin, et conduits par un chef qu'on dit communément avoir été Pharamond.

Fergus tient l'Écossois,
Quand la Grande-Bretagne eut les Anglo-Saxons,
Qui fondent leur état en sept divers cantons.

(202.)

Quel chef gouvernoit en Écosse vers l'an 422 ? Plusieurs prétendent que ce royaume étoit déjà administré par un roi nommé Fergus; mais on sait plus sûrement que, vers le commencement de ce siècle, les rois d'Irlande, qui régnèrent depuis en Écosse, reçurent la foi avec leur peuple.

(203.)

Comment la Grande-Bretagne tomba-t-elle au pouvoir des Anglo-Saxons, peuple sorti jadis du Jutland ? Les Bretons, privés de la garnison romaine que l'empereur Honorius en avoit retirée pour l'opposer aux Barbares devenus presque maîtres des Gaules, appelèrent les Anglo-Saxons pour se défendre des Pictes et des Écossois.

(204.)

Que firent les Anglo-Saxons établis dans la Grande-Bretagne? Ils s'emparèrent de cet état, et y fondèrent sept petits royaumes ou cantons, appelés l'Heptarchie. Ces sept royaumes prirent ensuite le nom d'Anglo-terre ou Angleterre.

(205.)

Quelles furent les suites de la férocité des Anglo-Saxons dans la Grande-Bretagne? Suivant quelques historiens anglois, un grand nombre des anciens Bretons vinrent se réfugier dans cette partie des Gaules appelée Armorique, et qui prit alors le nom de Bretagne.

(206.)

Quelle est l'opinion la plus vraisemblable sur l'origine des Bretons? D'après le témoignage de la plupart des écrivains du temps, appuyé par des mémoires anciens, on voit que les peuples de l'Armorique avoient fondé antérieurement des colonies dans la Grande-Bretagne, et qu'ils revinrent dans le pays de leurs aïeux pour y retrouver la liberté.

Valentinien trois, effrayé par le bruit
Des Huns sous Attila, Venise se construit.

(207.)

Quel étoit Valentinien III? Ce prince, qui avoit eu le titre d'empereur d'Occident depuis l'an quatre cent vingt-trois, régnoit avec autant de foiblesse et de lâcheté qu'avoit fait son oncle Honorius.

(208.)

Comment le comte Boniface se vengea-t-il de Valentinien III? Ce gouverneur romain en Afrique, mécontent de Valentinien III, y attira d'Espagne les Vandales, qui, y passant en grand nombre, la conquirent sur l'empire romain.

(209.)

Quels Barbares effrayèrent particulièrement Valentinien III? Les Huns, originaires de Scythie, conduits par leur roi Attila, surnommé le fléau de Dieu et la terreur du monde.

(210.)

Comment Attila se rendit-il redoutable? Après avoir fait un horrible dégât dans la Dacie et aux environs, il vint fondre sur les Gaules avec une armée de près de sept cent mille hommes, qui fut mise en déroute par le fameux

Aëtius, général de Valentinien III et gouverneur des Gaules.

(211.)

Comment Attila, qui malgré sa défaite dans les Gaules, alla ravager l'Italie, ne vint-il pas à Rome ? Il en fut détourné comme miraculeusement par le pape saint Léon, qui, étant venu à sa rencontre, lui inspira la crainte des jugements de Dieu, et le força, par son éloquence, à respecter le siége du chef de la religion.

(212.)

Quelle fut la fin d'Aëtius ? Valentien III, jaloux des éloges dont Rome combloit cet illustre guerrier, le tua de sa propre main, et condamna ses amis à différents supplices.

(213.)

Quelle réponse franche fit à Valentinien III un de ses courtisans, au sujet de la mort d'Aëtius ? Lorsque l'empereur lui demandoit son sentiment sur le meurtre de ce capitaine, il eut le courage de lui répondre : « Vous vous êtes coupé la main droite avec le glaive que vous teniez dans la gauche ». En effet, Aëtius étoit le seul guerrier que l'empereur pût opposer aux Barbares.

(214.)

Quelle ville les peuples du Padouan construisirent-ils? Pour se garantir contre la fureur d'Attila, ils bâtirent sur pilotis la ville de Venise dans des marais, au fond de la mer Adriatique.

Règnent en Orient Marcien et Léon ;
Anastase est après l'hénôtique Zénon.

(215.)

Par quelle faveur Marcien succéda-t-il à Théodose le jeune, l'an 450? Pulchérie, sœur de Théodose et déclarée Auguste, connoissant la sagesse et la vertu éminente de Marcien, simple officier de fortune, le prit pour époux, quoiqu'il fût déjà avancé en âge.

(216.)

Comment Pulchérie, qui avoit fait vœu de virginité, épousa-t-elle Marcien? Les deux époux se promirent mutuellement qu'ils vivroient ensemble comme frère et sœur.

(217.)

En quoi Léon I, successeur de Marcien à l'empire d'Orient, montra-t-il une indulgence excessive et coupable? Il manqua de punir rigoureusement la trahison de son beau-frère Basilisque, qui, ayant été envoyé en Afrique avec une flotte de mille vaisseaux pour combattre les Vandales, s'étoit laissé gagner par leurs présents.

(218.)

De quel crime fut soupçonné Zénon l'Isaurien, gendre et successeur de Léon I ? D'avoir empoisonné le jeune Léon, auquel appartenoit l'empire par sa mère Ariadne, fille de Léon I.

(219.)

Par quel acte Zénon l'Isaurien favorisa-t-il particulièrement l'hérésie? Par l'édit d'une prétendue réconciliation entre les Catholiques et les Eutychéens, appelé pour cela l'*Hénotique*, c'est-à-dire, *neutre*, ou *propre à unir*.

(220.)

Que fit Ariadne, femme de Zénon l'Isaurien, après que son mari lui fut devenu insupportable par sa vie déréglée et par son avarice? Un jour qu'il étoit extrêmement assoupi, soit à cause d'un excès de vin, soit par une attaque de mal caduc, elle le fit mettre dans un sépulcre, où, en se réveillant, il périt de désespoir, sans que personne le plaignît.

(221.)

Qui succéda à l'empereur Zénon l'Isau-

rien? Anastase, simple huissier de la chambre impériale, que la veuve Ariadne, impératrice, prit pour époux.

(222.)

Que fit Anastase après avoir montré, dans le commencement de son règne, de la modération et de la valeur? Se rendant chef des hérétiques appelés *Acéphales*, il persécuta les catholiques, et s'attira l'excommunication du pape Symmaque, qui le premier employa contre un souverain cette arme spirituelle dirigée jusqu'alors seulement sur des sujets.

Augustule de Rome est dernier empereur.
Le roi Théodoric d'Odoacre est vainqueur.

(223.)

Comment Augustule régna-t-il à Rome à la suite de tous les petits tyrans qui s'y étoient élevés, l'an 475? L'état, se trouvant fatigué par divers prétendants qui n'avoient d'empereur que le nom, reconnut enfin Augustule, que son père Oreste, général des Romains dans les Gaules, y avoit fait proclamer.

(224.)

Par qui Augustule, ainsi nommé soit par mépris, soit à cause de sa jeunesse, fut-il détrôné ? Par Odoacre, roi des Hérules, peuple de Scythie issu des Goths, qu'avoit appelé la faction de Julius-Népos, prétendant à l'empire.

(225.)

Que fit Odoacre après s'être emparé de Rome, l'an 476 ? Il dépouilla des marques de la dignité impériale Augustule, qu'il relégua dans la Campanie avec un riche revenu ; et, prenant pour lui-même le titre de roi d'Italie, il mit fin à l'empire d'Occident.

(226.)

Comment Odoacre, qui avoit placé son siége tantôt à Rome, tantôt à Ravenne, perdit-il la royauté, et ensuite la vie, l'an 493? Théodoric, roi des Ostrogoths, venu en Italie d'après l'avis de Zénon l'Isaurien, empereur de Constantinople, contraignit Odoacre de se renfermer dans Ravenne, prit cette ville par capitulation, fit la paix avec Odoacre, et partagea l'Italie avec ce même prince, qu'il fit assassiner depuis.

(227.)

Quel rôle avoit joué Théodoric dans sa jeunesse ? Il avoit été en otage à Constantinople ; mais, devenu depuis roi de sa nation, il avoit servi puissamment Léon I contre Basilisque. C'est pour reconnoître ces anciens services que l'empereur Zénon l'Isaurien lui accorda son amitié, les honneurs du consulat, et celui d'une statue dans la place publique.

VIe SIÈCLE APRÈS JÉSUS-CHRIST.

DEPUIS L'AN 500 JUSQU'A L'AN 600.

(*Case* 19 *du Tableau.*)

Après cinq cents Justin; puis vient Justinien,
Sous qui le corps du Droit fait par Trébonien.

(228.)

Quel fut Justin, qui succéda en Orient à l'empereur Anastase, l'an 518 ? Né simple fils d'un laboureur en Thrace, il parvint à la première dignité par sa valeur et sa prudence.

(229.)

Quels furent les exploits de Justin, après être parvenu à l'empire ? Pour se maintenir contre Cabadès, roi des Perses, avec qui la paix venoit d'être rompue, il demanda du secours à Zéliorbes, roi des Huns, qui lui en promit, mais qui le trompa.

(230.)

Comment Cabadès punit-il la perfidie de

Zéliorbes envers Justin? Il se tourna contre ce roi barbare; et après l'avoir défait et tué, il renouvela la paix avec l'empereur Justin.

(231.)

Comment le zèle de l'empereur Justin pour les catholiques devint-il funeste à l'église? En persécutant les ariens avec trop de chaleur, il aigrit Théodoric, roi des Ostrogoths, résidant à Ravenne, qui, en revanche, persécuta les catholiques d'Occident.

(232.)

Comment finit l'empereur Justin, l'an 527? Parvenu à l'âge de soixante-dix-sept ans, et profondément affligé à cause d'un tremblement de terre qui l'année précédente avoit englouti presque toute la ville d'Antioche, il se revêtit d'un sac, en signe de pénitence, et s'enferma pour le reste de ses jours dans son palais, à dessein de fléchir celui qui élève et renverse à son gré les villes et les empires.

(233.)

Qui succéda à l'empereur Justin? Ce fut Justinien son neveu, élevé par un savant nommé Théophile, qui lui inspira, dit-on, le goût de l'étude et des sciences.

(234.)

Par quel monument Justinien immorta-

lisa-t-il le plus son nom ? Par un recueil de lois romaines que le fameux jurisconsulte Trébonien avoit mises en ordre, et dont l'abrégé est connu sous le nom d'*Institutes de Justinien.*

Bélisaire vainquit le Perse Cabadès,
Et Gilimer Vandale.

(235.)

Pourquoi le roi de Perse Cabadès vint-il fondre sur l'empire d'Orient ? Parce que le fameux Bélisaire, un des généraux de l'empire d'Orient, avoit fait élever, par l'ordre de Justinien, une forteresse sur les confins de la Perse.

(236.)

Quel fut le succès de la guerre que Cabadès fit à Justinien? Cabadès remporta d'abord quelques victoires; mais Bélisaire le vainquit ensuite avec tant d'éclat, que Justinien fit frapper de la monnoie et des médailles avec l'effigie de ce général.

(237.)

Qu'arriva-t-il d'extraordinaire à Cabadès? Ayant été mis en prison par ses sujets, parce qu'il avoit voulu introduire parmi eux la communauté des femmes, il fut sauvé par sa généreuse épouse, qui changea d'habits avec lui, prit sa place, et se livra volontairement à une mort certaine.

(238.)

Pourquoi Cabadès, peu de temps après être remonté sur le trône, fit-il une trève avec Justinien? Il la crut nécessaire pour effectuer son projet favori, de laisser sa couronne à son septième fils, au préjudice des aînés; mais Bélisaire commença bientôt la guerre contre lui, et le défit.

(239.)

Quel exploit glorieux fit Bélisaire après avoir défait Cabadès pour la seconde fois? Il vainquit en Afrique le puissant Gilimer, sixième roi des Vandales, qu'il attaqua avec une flotte de cinq cents vaisseaux, et qu'il rendit tributaire de l'empire d'Orient.

(240.)

Quel autre service important Bélisaire rendit-il à l'empire après avoir défait Gilimer? Envoyé par Justinien pour détruire le royaume des Goths en Italie, il parcourut cette contrée et les isles adjacentes, marcha vers Rome, dont il envoya les clefs à l'empereur, et prit dans Ravenne le roi des Goths Vitigès, qu'il emmena à Constantinople.

(241.)

Quels autres exploits fit Bélisaire après avoir vaincu Vitigès? Il mit en fuite Chosroès, roi de Perse; puis retourna en Italie contre Totila, élu roi des Goths, l'empêcha de détruire entièrement Rome, entra dans cette ville, et la répara.

(242.)

Quelle fut la fin de Bélisaire? L'empereur Justinien lui fit crever les yeux, pour avoir, dit-on, trempé dans une conspiration. On prétend même que Bélisaire fut réduit ensuite jusqu'à la mendicité; mais ces faits sont contredits par quelques savants, qui prétendent que les disgrâces de ce grand homme ont été exagérées.

(243.)

Quels avantages Justinien procura-t-il à l'empire grec? Il le fit sortir de sa foiblesse, il en étendit les bornes, et lui rendit en quelque sorte son ancienne splendeur.

(244.)

Pourquoi a-t-on dit de Justinien, mort l'an 565, qu'il auroit été le plus grand des empereurs s'il eût moins vécu? Parce que vers la fin de sa vie se mêlant trop d'affaires de religion, et suivant aveuglément les conseils de

Théodosia, femme de théâtre, dont il avoit fait son épouse, il favorisa l'hérésie, persécuta l'Église, et se livra à l'avarice, à la méfiance et à la cruauté.

Un eunuque, Narsès,
Vainc le goth Totila, mais périt par Sophie.
Sous Justin, Longin exarque en Italie.

(245.)

Quel résultat eut la victoire que le fameux Narsès, général de Justinien, avoit remportée sur Totila, l'an 552 ? Narsès, ayant vaincu et tué Totila, ainsi que son successeur Téjas, mit fin au royaume des Ostrogoths en Italie, et rendit cette contrée tributaire de l'empire d'Orient.

(246.)

De quelle manière fut disgracié le vaillant Narsès dit eunuque et sans barbe? Par les intrigues de l'impératrice Sophie, femme de Justin II, neveu et successeur de Justinien. Cette princesse impérieuse le rappela ignominieusement d'Italie, en lui intimant l'ordre de se rendre sur-le-champ à Constantinople pour y filer avec les femmes.

(247.)

Comment répondit Narsès, cruellement ou-

tragé par l'impératrice qui le rappeloit à Constantinople ? Il répondit qu'il ourdiroit une toile qu'elle ne parviendroit pas aisément à défiler. En effet, il introduisit en Italie les Lombards, qui enlevèrent à l'empire d'Orient la plus grande partie de cette riche et belle contrée.

(248.)

Quelle fut la fin de Narsès ? On dit qu'il périt par le dernier supplice, long-temps après, sous l'empereur Phocas; mais en consultant mieux les dates, il semble qu'il finit tranquillement ses jours à Rome, vers l'an cinq cent quatre-vingt-deux.

(249.)

Quel fut le caractère de Justin II ? Il se montra incapable de régner par la foiblesse de son esprit et son caractère voluptueux, lâche et cruel, laissant tout le pouvoir dans la main de son indigne épouse Sophie.

(250)

En quoi consistoient les fonctions d'exarque en Italie ? Cette charge, confiée pour la première fois à Longin par l'empereur Justin II, consistoit à gouverner ce qui restoit à l'empereur d'Orient depuis l'invasion des Lombards en Italie. Ravenne étoit chef-lieu de l'*Exarchat.*

Les Lombards, sous Alboin, y portent la terreur.
Tibère deux choisi par son prédécesseur.

(251.)

Comment les Lombards se conduisirent-ils en Italie? Ces peuples, attirés en Italie par la vengeance de Narsès, y portèrent la terreur, et y mirent tout à feu et à sang, sous la conduite de leur roi Alboin.

(252.)

Qui remplaca Justin II dans l'empire d'Orient? Ce fut Tibère II, adopté par son prédécesseur à cause de sa justice, de sa bienfaisance et de sa valeur; qualités qu'il posséda à un tel degré, qu'elles furent appréciées même par ce stupide empereur.

(253.)

En quoi Tibère II montra-t-il particulièrement son esprit de bienfaisance? Il manda aux gouverneurs des provinces qu'il vouloit que la mendicité fût bannie entièrement de son empire.

(254.)

Comment Tibère II fit-il connoître sa va-

leur? Il remporta en Arménie, sur Chosroès, roi des Perses, une victoire si éclatante, que celui-ci fit un édit pour défendre à ses successeurs de faire jamais la guerre en personne aux empereurs de Constantinople.

(255.)

Quel acte de rigueur exerça Tibère II, prince doux et bienfaisant? Il réduisit à une condition privée l'impératrice Sophie, veuve de son prédécesseur, parce que cette princesse, n'ayant pu, selon son projet, partager le lit et le trône du nouvel empereur, avoit formé une conjuration contre lui.

(256.)

Comment finit Tibère II? Après quatre ans de règne, il mourut regretté par ses sujets, qui pendant long-temps arrosèrent de larmes son tombeau, et firent ainsi le plus bel éloge de son règne.

(257.)

Qui fut désigné par l'empereur Tibère II pour lui succéder l'an 582? Le général Maurice son gendre, auquel il donna, en mourant, les conseils les plus sages: « Mon cher Maurice, lui dit-il, je ne demande pour moi d'autre épitaphe que votre règne, et d'autre mausolée que celui que m'élèveront vos vertus. »

**Leuvigilde cruel soumet l'Andalousie.
Maurice, par Phocas, perd le sceptre et la vie.**

(258.)

En quoi Leuvigilde, roi des Visigoths en Espagne, et arien de profession, se montra-t-il particulièrement cruel, l'an 586 ? A l'égard de son fils aîné Herménégilde, qui, après son mariage avec une princesse françoise, et après sa conversion à la religion catholique, aima mieux mourir par les ordres de son père que de renoncer à cette religion.

(259.)

Quelle conquête considérable fit le roi Leuvigilde en Espagne? Il soumit toute la Bétique ou Andalousie, ainsi que le royaume des Suèves en Galice, qu'il joignit à ses états.

(260.)

Quelle fin eut Théodoric, arien et roi des Visigoths, l'an 526? Il mourut à Ravenne sa capitale, dans une espèce de fureur, croyant toujours voir la tête de Symmaque, qu'il avoit fait mourir injustement avec le célèbre Boëce, jadis son ministre, gendre de Symmaque, et auteur du fameux livre *de la Consolation*.

(261.)

Quels ennemis l'empereur Maurice, gendre et successeur de Tibère II, eut-il à combattre en Orient, l'an 592? Les Perses et les Arabes; et pour ne pas manquer de soldats dans cette guerre, il défendit à tous ses sujets de prendre l'habit monastique avant d'avoir accompli le temps de la milice.

(262.)

Comment l'empereur Maurice perdit-il la vie, l'an 602? Ayant refusé de racheter un grand nombre de ses sujets, que le roi des Arabes ou Abares mit à mort, faute de rançon, il fut accusé d'avarice par l'ambitieux Phocas, qui, soulevant le peuple pour s'emparer du trône impérial, fit mourir Maurice et tous ses enfants en présence les uns des autres.

(263.)

Quel étoit, vers la fin du sixième siècle, l'état de la langue latine? Par le règne de plusieurs Barbares en Italie, et surtout des Lombards, elle se trouva négligée et corrompue, et cette altération amena progressivement la langue italienne.

(264.)

Qui étoit Denys, surnommé le Petit, mort

vers l'an 540 ? Un moine, Scythe de nation et homme très savant, qui introduisit la coutume de compter les années par celle de l'avènement du Messie ou de Jésus-Christ.

(265.)

Quels états en Europe embrassèrent la religion chrétienne, vers l'an 590? 1°. Les Bretons ou les Anglois renoncèrent au paganisme par le zèle du moine saint Augustin, nouvel apôtre que saint Grégoire, dit le Grand, leur avoit envoyé ; 2°. les Lombards en Italie reçurent l'Evangile ; 3°. les Visigoths en Espagne abjurèrent l'arianisme.

(266.)

Quelle fut l'institution de saint Grégoire dans l'ordre de célébrer la Messe ? Il en régla la liturgie, c'est-à-dire les cérémonies telles à peu près qu'elles s'observent encore aujourd'hui.

VIIe SIÈCLE APRÈS JÉSUS-CHRIST.

DEPUIS L'AN 600 JUSQU'A L'AN 700.

(*Case* 20 *du Tableau.*)

Phocas, l'an six cent dix, succombe à son destin.
Chosroès par son fils eut une triste fin.

(267.)

Comment Phocas, empereur d'Orient, eut-il le sort des tyrans, l'an 610? Il fut assassiné par Héraclius, gouverneur d'Afrique, qui délivra l'empire d'un monstre dont le joug étoit devenu insupportable, et d'un lâche qui permettoit aux Huns, aux Scythes et aux Perses, de faire des incursions sur tout l'empire.

(268.)

Quel moyen barbare employoit l'empereur Phocas pour forcer ses sujets à dire du bien de lui? Instruit du mal qu'on disoit de sa personne par les espions qu'il entretenoit dans toutes les grandes villes de l'empire, il faisoit journellement amener à Constantinople, chargés de chaînes, tous les mécontens, et il les immoloit à sa cruauté.

(269.)

Quelle fin tragique, mais cependant mé-

ritée, eut Chosroès II, roi de Perse? Comme il avoit été le parricide de son père Hormisdas, il éprouva le même sort de la part de Siroès son fils, qui, après l'avoir traité d'une manière indigne, le fit mourir de faim, ou, comme d'autres croient, à coups de flèches.

Héraclius vainqueur, que Mahomet renverse.
Fut l'hégire en vingt-deux. Omar conquit la Perse.

(270.)

Comment Héraclius, successeur et meurtrier de Phocas, fut-il le vainqueur des Perses, l'an 626? Forcé d'accepter d'abord les conditions d'une paix honteuse, il se prépara à reprendre contre eux l'offensive, leur livra plusieurs batailles sanglantes, et fit sur eux cinquante mille prisonniers.

(271.)

Quel avantage particulier Héraclius retira-t-il de ses victoires sur les Perses? Il obligea leur roi Siroès à lui rendre la vraie Croix, dont il s'étoit emparé à la prise de Jérusalem, l'an six cent quatorze.

(272.)

Comment Mahomet traversa-t-il les succès d'Héraclius? Par la rapidité de ses conquêtes, qui changèrent alors la face des affaires en Orient, et le mirent au nombre des plus grands conquérants.

(273.)

Qui étoit Mahomet? C'étoit un marchand arabe ou sarrasin, engagé dès sa jeunesse dans les caravanes, et qui, après avoir persuadé à ses compatriotes qu'il entretenoit des relations avec l'ange Gabriel et avec d'autres esprits célestes, devint chef d'une secte formée du mélange bizarre de différentes religions.

(274.)

Quels moyens employa Mahomet pour répandre sa secte? Il défendit à ses disciples de disputer sur sa doctrine avec les étrangers, et de répondre aux objections des contradicteurs autrement que par le glaive.

(275.)

Quelle époque établit Mahomet, l'an 622, lorsqu'il fut contraint de s'enfuir à Médine? Celle appelée par les Arabes-Sarrasins *hégire,* qui, dans leur langue, veut dire fuite ou émigration.

(276.)

Comment les Sarrasins comptèrent-ils leurs années? Par des mois lunaires, qui forment une année plus courte de onze jours que la nôtre.

(277.)

Quel nom portèrent les successeurs de Mahomet, mort l'an 631 ? Ils furent appelés *califes*, et jouirent, comme lui, de la dignité de chefs de la religion et des armées.

(278.)

Jusqu'où les califes étendirent-ils leur domination, l'an 647 ? Ils passèrent en Syrie, où ils prirent la ville de Jérusalem, puis celle de Damas, dont il firent le siége de l'empire, enfin, rompant hautement avec Héraclius, ils s'emparèrent de l'Afrique et d'autres pays.

(279.)

Comment Omar, le troisième calife des Sarrasins, conquit-il la Perse, l'an 640 ? Voyant les Perses affoiblis déjà par Héraclius, il tomba sur eux, les força de suivre sa loi, et vainquit leur dernier roi Hormisdas IV, qui trouva son salut dans la fuite.

Martine fait mourir Constantin de poison :
Pour Constant on la chasse, ainsi qu'Héracléon.

(280.)

Qui étoit Martine ? Elle étoit seconde femme

de l'empereur Héraclius, mort d'hydropisie à la suite de longs chagrins, en six cent quarante et un.

(281.)

De quelle cruauté se rendit coupable Martine? Pour mettre sur le trône son propre fils Héracléon, et le faire proclamer empereur, elle fit mourir par le poison Constantin fils d'Héraclius, né de sa première femme.

(282.)

Par qui Martine ainsi que son fils Héracléon furent-ils chassés du trône? Par le sénat de Constantinople, qui, après avoir fait couper la langue à Martine et le nez à Héracléon, mit sur le trône Constant, véritable héritier et fils de Constantin.

Les Sarrasins entre eux divisés sous Ali.
Constantin Pogonat est un prince accompli.

(283.)

Pourquoi les Sarrasins de Perse firent-ils la paix avec l'empereur Constant? Ils la recherchèrent eux-mêmes, à cause des divisions qui s'étoient élevées parmi eux au sujet de leur nouveau calife Ali, gendre de Mahomet.

(284.)

Quel monument renversèrent les Sarrasins, du temps du calife Ali? Ils abattirent, dit-on, le fameux colosse de Rhodes, dont ils chargèrent les débris en fonte sur neuf cents chameaux.

(285.)

Comment les Sarrasins furent-ils divisés entre eux après la mort d'Ali? Ce calife ayant été tué pour avoir interprété à sa manière la loi de Mahomet sur la succession au trône, il s'éleva un grand schisme parmi les Sarrasins, qui dès-lors se partagèrent en deux sectes : l'une pour Mahomet, suivie aujourd'hui par les Turcs; l'autre pour Ali, suivie par les Perses.

(286.)

En quelle circonstance Constantin, surnommé Pogonat *ou le* Barbu, *prit-il les rênes de l'empire?* Ce fut au milieu des troubles que Constant son père avoit excités par un édit appelé *Type*, en faveur des Monothélites.

(287.)

Comment Constant étoit-il mort l'an 668, *lorsque Constantin Pogonat lui succéda?* Étant allé à Rome pour soutenir son édit et pour inquiéter les papes, il fut étouffé à son retour dans un bain à Syracuse.

(288.)

Quel moyen nouveau employa, dans la guerre contre les Sarrasins, Constantin Pogonat? Il se servit, pour la première fois, du feu grégeois, inventé par Callinique, et qui brûloit dans l'eau.

(289.)

Que fit Constantin Pogonat après avoir terminé la guerre contre les Sarrasins, l'an 681? Il voulut aussi pacifier l'Église; et, à cet effet, il assembla contre les Monothélites le sixième concile général à Constantinople, auquel il présida.

(290.)

Quel usage s'établit dans l'Eglise sous le pape Boniface III, vers l'an 606? Celui des cloches, pour annoncer aux fidèles les solennités et les exercices de l'Eglise.

(291.)

Comment la gloire de tous les Saints commença-t-elle à être fêtée au Panthéon, l'an 607? Le pape Boniface IV consacra en leur honneur le Panthéon, temple bâti à Rome par Agrippa, à la gloire de tous les faux dieux, et appelé aujourd'hui *Notre-Dame de la Rotonde.*

(292.)

Quel droit acquirent les églises vers l'an 617 ? Le droit d'asile, que le pape Boniface V leur donna, c'est-à-dire le droit de servir de lieu de refuge pour les débiteurs et les criminels.

(293.)

A quelle occasion fut instituée la fête de l'exaltation de la sainte croix sous le pape Honorius, vers l'an 626 ? A l'occasion de la victoire remportée par l'empereur Héraclius sur Chosroès, roi de Perse, qui, ayant pris Jérusalem, avait enlevé la sainte croix. Héraclius la retira de ses mains, et la remena en triomphe à Jérusalem.

(294.)

Comment des hymnes furent-ils composés par le pape Léon II, l'an 682 ? Ce savant pontife se servit de sa science dans la musique pour composer des chants propres à exciter la piété des fidèles.

L'Ecossais Malduin par sa femme étranglé.
Justinien second est pris et mutilé
Par Léonce, qu'enferme Absimare-Tibère.
Doge est le nom du chef que Venise révère.

(295.)

Pourquoi Malduin, roi des Ecossois, fut-

il étranglé par sa propre femme? Ce roi, après avoir fait une paix heureuse avec ses voisins l'an six cent soixante-six, donna lieu à la jalousie de sa femme, qui de dépit l'étrangla pendant la nuit, et qui le lendemain fut brûlée par ses propres complices.

(296.)

Qui étoit Justinien II, surnommé Rhinotmète, *ou nez coupé?* Fils aîné de Constantin Pogonat, auquel il succéda en six cent quatre-vingt-cinq. Il se rendit odieux aux peuples à cause de son hérésie et de sa cruauté.

(297.)

Pourquoi le patrice Léonce fit-il couper le nez à Justinien II, et le bannit-il de l'empire? Parce que cet empereur avoit ordonné à un eunuque, devenu gouverneur de Constantinople, de faire massacrer dans une seule nuit tous les orthodoxes de la ville, à commencer par le patriarche.

(298.)

Que devint Léonce après avoir usurpé l'empire de Justinien II? Il fut à son tour déposé par Absimare, nommé Tibère II, qui, choisi par les soldats pour gouverner, l'an six cent quatre-vingt-dix-huit, fit enfermer son prédécesseur dans un monastère, après lui avoir fait couper le nez et les oreilles.

(299.)

Comment la république de Venise se forma-t-elle vers la fin du septième siècle, ou au commencement du suivant? Différentes isles, indépendantes auparavant les unes des autres, s'unirent alors, avec l'agrément de l'empereur et du pape, pour faire une république sous un chef appelé *doge*, dont l'autorité fut fort limitée.

VIIIe SIÈCLE APRÈS JÉSUS-CHRIST.

DEPUIS L'AN 700 JUSQU'A L'AN 800.

(*Case 21 du Tableau.*)

Justinien rentré périt comme Bardagne.
Pélage est en Léon, quand le Maure a l'Espagne.

(300.)

Quel exploit fit Justinien II, l'an 705? Remonté sur le trône avec l'aide des Bulgares, il reprit Constantinople, où il fit mourir cruellement ses deux compétiteurs Léonce et Tibère Absimare.

(301.)

Jusqu'où Justinien II porta-t-il son caractère vindicatif? On dit que chaque fois qu'il étoit obligé de porter la main sur son nez coupé, il condamnoit au dernier supplice quelques-uns de ceux qui avoient favorisé le parti de ses ennemis.

(302.)

Quelle fut la fin de Justinien II, l'an 711? S'étant de nouveau rendu odieux à ses sujets, il fut remplacé par Philippique Bardanes, qui, proclamé empereur, lui fit couper la tête au milieu de son camp. C'est en Justinien II que fut éteinte la famille d'Héraclius.

(303.)

Comment finit Philippique Bardanes, successeur de Justinien II? Ce prince indolent, mais obstiné monothélite, un an ou deux après son élévation, fut arrêté par les grands de l'empire, qui l'exilèrent le jour de la Pentecôte, l'an sept cent treize, et proclamèrent Anastase II, nommé auparavant Artémius.

(304.)

Quel tribut donna au saint siége, sous Grégoire III, Ina, roi anglois, vers l'an 726? Il lui fit payer par ses sujets un tribut appelé denier de saint Pierre, savoir, un sterling par chaque feu.

(305.)

Comment le roi Pélage devint-il le restaurateur des états chrétiens d'Espagne, l'an 716? Lorsque les Sarrasins d'Afrique nommés Maures eurent pris l'Espagne sur Rodrigue, dernier roi des Visigoths, Pélage, issu des anciens rois du pays, se retira dans les montagnes de Léon et des Asturies; et là, fort de sa position, il commença à reconquérir ses états.

(306.)

Quelle fut la cause de la ruine de Rodrigue? Ce prince, imitant les déréglemens de Vitiza son prédécesseur dont il avoit usurpé le trône, avoit violé la fille du comte Julien, qui, pour s'en venger, attira en Espagne les Sarrasins appelés Maures, parce qu'ils étoient de la Mauritanie.

(307.)

Quelle fut la puissance des Maures en Espagne, après qu'ils eurent détruit le royaume des Visigoths? Ils régnèrent dans toute l'Espagne, hormis le royaume de Léon, où le roi Pélage fit de grands exploits contre eux jusqu'à l'an sept cent trente-sept, époque de sa mort.

(308.)

Quel fut l'effet de la résistance courageuse du roi Pélage et de ses successeurs? Plusieurs princes espagnols, qui voulurent l'imiter, formèrent peu à peu les états de Navarre, d'Aragon, de Castille, reprirent la plupart des états conquis par les Maures, et les chassèrent tout-à-fait.

Anastase est avant Théodose second;
Puis vient l'Iconoclaste Isaurique Léon.

(309.)

Pourquoi Anastase II, successeur de Justinien II, fut-il détrôné l'an 716? L'armée navale qu'il avoit envoyée contre les Sarrasins ayant mal fait son devoir, se révolta contre lui; et, pour éviter la punition, elle obligea Théodose III, simple financier, à accepter l'empire malgré lui.

(310.)

Que fit Théodose III peu de temps après son élection? Voulant embrasser l'état ecclésiastique, comme Anastase II avoit déjà choisi le cloître, il se démit de l'empire en faveur de Léon Isaurique, né en Isaurie, homme courageux, mais féroce, et regardé comme le fléau de la religion et de l'humanité.

(311.)

Quel succès eut Léon Isaurique contre les Sarrasins? Faisant usage du feu grégeois, il les força à lever honteusement le siége qu'ils avoient mis devant Constantinople, où ils perdirent trois mille vaisseaux.

(312.)

Quels maux produisit dans l'Église Léon Isaurique? A la sollicitation d'un juif qui lui avoit prédit l'empire, il publia un édit contre le culte des images, les fit briser partout avec fureur, et donna lieu à la persécution des Iconoclastes contre les Catholiques.

(313.)

Quel traitement Léon Isaurique fit-il aux gens de lettres chargés du soin de sa bibliothèque? N'ayant pu les gagner ni par promesses, ni par menaces, il les fit enfermer dans sa bibliothèque avec des médailles, des tableaux sans nombre et plus de trente mille volumes, et ordonna que le tout fût la proie des flammes.

(314.)

Comment Léon Isaurique perdit-il ses états en Italie, l'an 741? Voulant se venger de l'excommunication que les papes Grégoire II et III avoient lancée contre lui, il équipa une flotte qui fit naufrage dans la mer Adriatique; cet accident détermina le peuple de Rome à secouer la domination de ce tyran, mort peu de temps après.

Copronyme odieux. Léon quatre eut sa peine.
Sous Constantin, habile et cruelle est Irène.

(315.)

Pourquoi l'empereur Constantin IV, fils et successeur de Léon Isaurique, fut-il surnommé Copronyme? Parce que, durant la cérémonie de son baptême, il avoit souillé de ses ordures les fonts baptismaux; présage de son impiété et de sa nullité, qui le rendirent souverainement odieux à ses sujets.

(316.)

Quel phénomène singulier arriva sous le règne de Constantin Copronyme, l'an 763? Il y eut un si grand froid en automne, que le Bosphore et le Pont-Euxin furent glacés dans l'espace de soixante lieues. La glace avoit en plusieurs endroits trente coudées de profondeur, et elle fut couverte de neige à une pareille hauteur.

(317.)

Quelle perte fit en Italie l'empire d'Orient, vers l'an 743? Astolphe, roi des Lombards, prit Ravenne, chassa l'exarque qui commandoit pour l'empereur; et après plusieurs autres victoires il alla assiéger Rome, délivrée ensuite par Pepin, alors maire du palais en France.

(318.)

Quel fut l'empereur Léon IV? Fils et successeur de Constantin Copronyme, il hérita de son hérésie comme de sa dignité; et, malgré qu'il eût feint d'abord de protéger les catholiques, il se moqua depuis également et des adorateurs et des destructeurs des images.

(319.)

Comment mourut Léon IV, l'an 780? D'une maladie pestilentielle, dont il fut frappé, disent les historiens grecs, pour avoir osé porter une couronne de diamants que l'empereur Maurice avoit donnée à l'église de Constantinople.

(320.)

Quand le culte des images fut-il rétabli à Constantinople? Ce fut sous le règne de Constantin V, fils de Léon IV, et pendant la régence de sa mère Irène, qui, aidée du saint patriarche Tarasius, fit convoquer le septième concile général à Nicée, où fut rétabli le culte des images l'an sept cent quatre-vingt-sept, sous le pape Adrien.

(321.)

Que fit Constantin V, outré de ce que sa mère Irène et le patrice Stauratius gouvernoient sans participation? Il les exila tous deux, fit crever les yeux à Nicéphore son oncle; puis, s'abandonnant à ses passions, il répudia Marie, sa légitime épouse, pour prendre en secondes noces la femme de chambre de cette impératrice.

(322.)

Que fit Irène pour remonter sur le trône? Elle fit crever les yeux à l'empereur Constantin V, son fils, qui en mourut de douleur; et par là elle se fraya la route au pouvoir suprême.

(323.)

Dans quelle négociation entra Irène avec Charlemagne, proclamé à Rome empereur d'Occident? Elle lui fit faire des propositions de mariage; mais, pendant que les ambassadeurs de Charlemagne étoient encore à Constantinople, Nicéphore, le même qui fut nommé ensuite empereur l'an huit cent deux, la chassa du trône et la relégua dans l'île de Lesbos.

IXe SIÈCLE APRÈS JÉSUS-CHRIST.

DEPUIS L'AN 800 JUSQU'A L'AN 900.

(*Case 22 du Tableau.*)

Au neuvième, huit Grecs gouvernent l'Orient,
Quand huit princes François règnent en Occident.

(324.)

Quels sont les huit empereurs grecs qui, dans le neuvième siècle, règnèrent successivement en Orient? Ce furent Nicéphore I Logothète, Michel I Curopalate, Léon l'Arménien, Michel II le Bègue, Théophile, Michel III, Basile le Macédonien, Léon VI le Philosophe.

(325.)

Comment finit Nicéphore, qui le premier reconnut Charlemagne, pour empereur d'Occident? Ce prince avare et sanguinaire fut tué l'an huit cent onze, dans la guerre qu'il fit à Crumne, roi des Bulgares, qui poussa la cruauté jusqu'à faire enchâsser le crâne de son ennemi pour lui servir de coupe.

(326.)

Quel sort eut Michel I Curopalate, gendre et successeur de Nicéphore I? Michel I, doux et humain, mais peut-être trop foible, fut obligé de quitter le trône l'an huit cent quatorze, et d'entrer dans un monastère.

(327.)

Quel exploit fit Léon V l'Arménien? Il battit les Bulgares, et fit avec eux une trève de trente ans; mais l'an huit cent vingt il fut massacré par son successeur, le jour de Noël, au moment où il vaquoit aux offices de l'église.

(328.)

Quel fut Michel II le Bègue? Michel II, avare, cruel, et dont l'ignorance étoit si grande qu'il ne savoit ni lire ni écrire, fut battu ignominieusement par les Sarrasins, et, l'an huit cent vingt-neuf, mourut par suite de ses débauches.

(329.)

Comment finit Théophile, fils de Michel II le Bègue, l'an 842? Il mourut de chagrin pour avoir perdu cinq batailles consécutives contre les Sarrasins.

(330.)

Quel fut Michel III, dit l'ivrogne, fils et successeur de Théophile? Un prince barbare et inhumain qui fit renfermer dans un couvent sa mère Théodora, après que cette princesse eut heureusement terminé la longue dispute des Iconoclastes sur les images.

(331.)

Que fit Basile le Macédonien, meurtrier de Michel III, qui l'avoit associé à l'empire? Il convoqua le huitième concile général à Constantinople contre Photius, premier auteur du schisme des Grecs, et, l'an huit cent quatre-vingt-six, fut tué à la chasse par un cerf qui lui enfonça son bois dans le ventre.

(332.)

Quel fut le caractère de Léon VI, fils et successeur de Basile le Macédonien? Ce prince, appelé *philosophe* moins par sa conduite que par la protection qu'il accorda aux savants, ouvrit en quelque sorte aux Turcs le chemin de Constantinople, en les appelant à son secours contre les Bulgares.

(333.)

Quels furent les huit empereurs qui régnèrent successivement en Occident pendant le neuvième siècle? Ce furent Charlemagne, restaurateur de cet empire; Louis le Débonnaire, Lothaire, Louis II le jeune, Charles le Chauve, Charles le Gros, Arnould, Louis III, qui mourut l'an huit cent quatre-vingt-dix-neuf, dernier de la race de Charlemagne en Germanie. (Voyez *Histoire de France*, vol. II.)

(334.)

Qu'arriva-t-il après la mort de Louis III? Le royaume de Germanie passa aux Allemands, en la personne de Conrad, duc de Franconie, tandis que la qualité d'empereur d'Occident se trouvoit anéantie par le règne des Lombards en Italie.

(335.)

Quelle fut la cause des révolutions étranges arrivées dans l'empire après la déposition de Charles le Gros? Bérenger, duc de Frioul, et Gui, duc de Spolète, tous deux Lombards d'origine, se firent élire roi d'Italie chacun de son côté, et eurent des successeurs, qui prirent la qualité d'empereurs.

Le Bulgare eut la foi. L'arabe de Candie,
Puis de Sicile sort, et fond sur l'Italie.

(336.)

Quand s'établit le royaume de Bulgarie? On ne connoît pas bien l'origine de ces peuples, placés sur les confins de l'empire d'Orient en Europe; mais il semble certain que ce fut au neuvième siècle qu'ils embrassèrent le christianisme sous leur roi Bogoris, et qu'ils suivirent peu de temps après le schisme des Grecs.

(337.)

Avec quel succès les Sarrasins ou Turcs, maîtres des îles de Candie et d'une partie de la Sicile passèrent-ils en Italie? Ils vinrent assiéger la ville de Rome, et s'emparèrent d'un grand nombre de provinces mal défendues par les gouverneurs, que la foiblesse des rois ou empereurs françois de la race Carlovingienne, et surtout de Charles le Gros, avoit rendus indépendants.

Rois d'Arles, de Bourgogne, ont des états puissants, Comtes, ducs, souverains, dans les gouvernements.

(338.)

Par qui fut établi le royaume d'Arles? Par Boson, comte d'Arles, beau-frère de Charles le Chauve, et gendre de l'empereur Louis II.

(339.)

Quel titre Boson obtint-il l'an 879? Il eut le titre de Roi de Provence ou d'Arles, ville la plus considérable de la Provence, et fut couronné par les prélats dans un concile tenu au château de Mante, près de Vienne en Dauphiné.

(340.)

Comment Boson, au comble de ses vœux, reçut-il cet honneur? Il affecta de se reconnoître indigne du sceptre : « Mais je n'ose, dit-il aux prélats, résister à vos ordres, persuadé qu'il me faut obéir aux évêques inspirés de Dieu. »

(341.)

Quel nom aurait-on pu donner au royaume d'Arles, qui s'étendoit entre la Saône, le Rhône, la mer et les Alpes? On auroit pu l'appeler aussi le royaume de Bourgogne *cis-Jurane*, puisqu'il comprenoit toute la partie de l'ancienne Bourgogne en deçà du mont Jura.

(342.)

Qui fut le premier prince et roi du royaume de la Bourgogne trans-Jurane, comprise entre le mont Jura et les Alpes? Ce fut Raoul ou Rodolphe, premier fils du comte de Paris, et qui se fit couronner à Saint-Maurice en Chablais, la même année que fut déposé Charles le Gros, empereur et roi de France.

(343.)

Outre le royaume d'Arles, quelles autres souverainetés se formèrent en France dans le neuvième siècle? On vit naître successivement les comtés de Flandre, de Champagne, de Toulouse, et les duchés de Guyenne, de Normandie, etc.

(344.)

A quoi doit-on attribuer la formation des différentes souverainetés en France dans le neuvième siècle? A la foiblesse des derniers rois de la seconde race, et au peu d'autorité qu'avoient les premiers rois de la troisième race.

(345.)

Comment se formèrent, dans le neuvième siècle, diverses souverainetés en France? Les gouverneurs des villes et des provinces, après s'y être fortifiés, s'y rendirent indépendants, moyennant un hommage offert au roi en qualité de feudataires.

Un infâme tribut est par Ramir ôté
En Espagne, ou dès-lors Barcelonne est comté.

(346.)

Quel tribut humiliant fit cesser en Espagne Ramir, roi de Léon? Celui qu'Aurélio et Maurégat ses prédécesseurs, environ un siècle auparavant, avoient accordé aux Sarrasins Maures, et qui consistoit à leur livrer chaque année cent jeunes filles.

(347.)

Comment la ville de Barcelonne étoit-elle, dans le neuvième siècle, un comté souverain? Cette ville, qui avoit été conquise sur les Sarrasins par Charlemagne, obtint de Louis le Débonnaire, l'an huit cent trente-neuf, un comte ou gouverneur, nommé Bernard, dont les successeurs se rendirent bientôt souverains.

En Navarre, Enéco fut la tige des rois.
Egbert joignit en un cinq royaumes anglois.

(348.)

Comment, dans le neuvième siècle, commença le royaume de Navarre et des autres rois d'Espagne, qui en sortirent depuis? Il commença en partie par la révolte des habitants contre les rois de France Louis le Débonnaire et Charles le Chauve, et en partie, dit-on, par l'ambition d'Enéco Aristo, dont on ignore l'origine, et qui se déclara leur chef.

(349.)

Comment le roi Anglo-Saxon Egbert ou Egebert commença-t-il la monarchie d'Angleterre, l'an 867? Ce roi, déjà possesseur de Ouest-Sex, c'est-à-dire du royaume le plus considérable des sept établis trois cents ans auparavant par les Saxons, en réunit cinq sous sa domination.

(350.)

Que firent les successeurs d'Egbert? Ils conquirent les deux autres royaumes des Anglo-Saxons pour ne former qu'une seule monarchie, qui, dans la suite, comprit toute l'Angleterre.

Xe SIÈCLE APRÈS JÉSUS-CHRIST.

DEPUIS L'AN 900 JUSQU'A L'AN 1000.

(*Case 23 du Tableau.*)

Au dixième, cinq Grecs empereurs d'Orient;
Cinq princes Allemands empereurs d'Occident.

(351.)

Quels furent les cinq princes grecs qui régnèrent successivement en Orient pendant le dixième siècle? Ce furent *Constantin Porphyrogénète*, qui laissa gouverner l'état par son oncle, sa mère Zoé et son gendre; *Romain le Jeune*, qui fit mourir de poison son père Constantin Porphyrogénète; *Nicéphore Phocas*, qui reprit Candie sur les Sarrasins; *Jean Zimiscès*, qui fit mourir l'impératrice Thédosia, veuve de son prédécesseur; *Basile*, qui ternit sa gloire militaire en faisant crever les yeux à quinze mille Bulgares ses prisonniers, ne laissant qu'un œil à un seul soldat sur cent, pour que celui-ci pût ramener ses camarades dans leur pays.

(352.)

Quels furent les cinq empereurs qui régnèrent en Occident pendant le dixième siècle? En ne comptant pour empereurs que ceux couronnés par le pape, on nomme *Conrad I*, nommé empereur l'an neuf cent douze, par le conseil et au refus d'Othon, duc de Saxe; *Henri I*, dit l'Oiseleur, ainsi nommé parce qu'il chassoit aux oiseaux lorsqu'on vint lui apprendre son élection, l'an neuf cent dix-neuf; *Othon I le Grand, Othon II, Othon III.*

(353.)

Pourquoi Othon I le Grand fut-il regardé comme le fondateur de l'empire Germanique? Parce qu'il dompta les peuples de la Bohême, conquit une grande partie de la Flandre et de la Bourgogne, chassa les Hongrois, et enfin érigea l'Autriche en marquisat.

(354.)

Quelle victoire remporta Othon II, créé empereur l'an 973? Il vainquit en Italie les

Sarrasins, et en Allemagne Henri de Bavière, son cousin et son compétiteur.

(355.)

Pourquoi Othon III, créé empereur l'an 993, vint-il à Rome? Pour rétablir le pape Grégoire son parent, chassé de ce siége par Crescence; et pour punir cet ambitieux des grandes tyrannies qu'il avoit exercées sous le nom de consul.

Le Brandebourg; l'Autriche, ont leurs premiers marquis.
Herman de Bilingen dans la Saxe fut mis.

(356.)

Quel empereur fonda le marquisat de Brandebourg en 927, et celui d'Autriche en 928? Ce fut Henri l'Oiseleur, qui établit plusieurs fiefs formant la marche ou marquisat de Brandebourg, et qui donna l'investiture de l'Autriche à Léopold, tige des premiers marquis d'Autriche.

(357.)

A quelle occasion Herman de Bilingen fut-il institué duc de Saxe au préjudice de la famille impériale? L'empereur Othon le Grand, ayant appris que son propre frère, duc de Saxe, conspiroit contre lui avec d'autres de ses parens, donna par dépit ce duché à Herman de Bilingen, de qui il avoit reçu d'importants services.

Marie impératrice est pour crime jugée.
La Savoie en comté pour Bérold érigée.

(358.)

Quel malheur affreux arriva à l'impératrice Marie, femme d'Othon III et fille de Sanche Abarca, roi de Navarre? Elle fut condamnée à être brûlée vive à Modène, parce qu'elle avoit fait mourir injustement un jeune seigneur, en l'accusant d'en avoir été sollicitée, tandis qu'elle-même avoit voulu le séduire.

(359.)

Par qui les états de Savoie et ceux de Maurienne furent-ils érigés en comtés? Par Rodolphe, roi de Bourgogne et de Provence, qui voulut par là récompenser le zèle et la valeur de Bérold son lieutenant.

(360.)

Que pensent plusieurs historiens au sujet du duché de Maurienne? Ils pensent que le comté de Maurienne ou de Savoie s'éleva des débris du royaume de Bourgogne et de Provence, après Rodolphe II, dans la personne de

Humbert aux blanches mains, fils de Bérold, de qui sont sortis les derniers ducs de Savoie.

Saint Étienne régna le premier des Hongrois.
Boleslas par Othon fut roi des Polonois.

(361.)

Par qui saint Étienne fut-il nommé roi des Hongrois? Il fut nommé premier roi de Hongrie, c'est-à-dire des Huns ou Hongres, par le pape Silvestre II, et peu de temps après par l'empereur Henri III, qui reconnut cette élection.

(362.)

Pourquoi Boleslas fut-il fait roi des Polonois par Othon III? Cet empereur voulut reconnoître ainsi l'attachement que la nation polonoise lui avoit marqué dans son pélerinage en Pologne, lorsqu'il alla y fonder l'archevêché de Gnesne.

La Castille paroît, la Navarre s'accrut.
Au Danois converti l'Anglois paya tribut.

(363.)

En quel état étoit l'Espagne quand la Castille commença à former une souveraineté vers l'an 920? Elle étoit divisée en trois royaumes : celui des Maures, celui de Navarre, et celui de Léon, dont relevoit la Castille.

(364.)

Comment la Castille devint-elle un comté particulier? Ordoguo, roi de Léon, ayant fait mourir par surprise les quatre comtes ou gouverneurs de Castille, irrita tellement les peuples castillans, qu'ils voulurent à tout prix avoir un gouvernement indépendant du roi de Léon.

(365.)

Comment le royaume de Navarre s'accrut-il considérablement dans le dixième siècle ? Par la réunion du comté d'Aragon, qui s'étoit soustrait au joug des Sarrasins, et par le mariage de Sanche le Grand, roi de Navarre, avec Nugna, sœur de Garcias, et héritière de la Castille.

(366.)

A quelle occasion l'Angleterre paya-t-elle un tribut aux Danois? Suénon, fils et successeur d'Harold, irrité contre le roi d'Angleterre Ethelred, qui avoit exercé des cruautés inouïes sur les Danois établis dans cette île, lui fit une guerre sanglante, et rendit son royaume tributaire.

(367.)

Quel fruit tirèrent les Danois des victoi-

res remportées sur les Anglois? Ils affoiblirent tellement l'Angleterre qu'ils purent s'en emparer aisément dans le siècle suivant.

(368.)

Pourquoi le dixième siècle est-il appelé le siècle de fer pour l'Église? A cause du déréglement des ecclésiastiques, et même des papes; le seul Léon VII, homme de bien, tâcha de réparer les désordres en appelant à Rome, l'an neuf cent trente-six, saint Odilon, abbé de Cluni en Bourgogne, et fondateur d'une des plus illustres congrégations de l'ordre de saint Benoît.

(369.)

Comment la foi catholique se trouva-t-elle répandue en Europe dans le dixième siècle, malgré la corruption de Rome? Le Danemarck fit demander des prédicateurs de l'Évangile au pape Agapet II vers l'an neuf cent quarante-six : puis, vers l'an neuf cent soixante-cinq, les Polonois et les Hongrois embrassèrent aussi la foi chrétienne sous le pontificat de Jean XIII.

(370.)

Par qui, sous le pontificat de Benoit VII, fut fondé l'ordre des Camalduls, l'an 974?

Par saint Romuald, qui se retira dans le désert avec plusieurs ermites qu'il soumit à la régle de saint Benoît, en les distinguant par un habit blanc. Cet ordre solitaire a pris son nom d'une de ses premières maisons, Camaldoli en Toscane, près de Florence.

XIe SIÈCLE APRÈS JÉSUS-CHRIST.

DEPUIS L'AN 1000 JUSQU'A L'AN 1100.

(*Case 24 du Tableau.*)

L'onzième eut treize Grecs empereurs d'Orient.
Conrad et trois Henri règnent en Occident.

(371.)

Quels furent les treize souverains qui régnèrent en Orient pendant le onzième siècle? Ce furent *Zoé*, fille de Constantin VII, et les quatre époux qu'elle associa successivement à l'empire, savoir : *Romain Argyre*, *Michel Paphlagonien*, *Michel Calephate*, *Constantin Monomaque*, 1042; *Théodora*, sœur de Zoé; *Michel dit Stratiotique*, appelé à l'empire par Théodora; *Isaac Comnène*, élu par les soldats; *Constantin Ducas*, *Romain Diogène*, *Michel Ducas*, *Nicéphore Botoniate*, et *Alexis Comnène*.

(372.)

Quels furent les quatre empereurs qui régnèrent en Occident pendant le onzième siècle ? Ce furent *saint Henri*, duc de Bavière, appelé par les Allemands Henri II; *Conrad II*, dit *le Salique*, duc de Franconie et héritier de la Bourgogne trans-Jurane; *Henri III*, surnommé *le Noir*, qui acquit une grande prépondérance en Italie ; *Henri IV*, qui eut de fréquents démêlés avec le pape Grégoire VII.

(373.)

Comment l'Arétin ou Gui d'Arezzo, moine de saint Benoît découvrit-il la gamme ou la série des notes pour apprendre la musique, l'an 1028? Ce fut en chantant les mots de l'hymne de saint Jean : *UT queant laxis REsonare fibris MIra gestorum FAmuli tuorum SOLve polluti LAbii reatum, Sancte Johannes.* Par cette découverte, on parvint à apprendre aux enfans plus de musique que n'en savoient des gens avancés en âge.

Les Croisades pour chef choisirent Godefroi,
Qui prit Jérusalem, et ensuite en fut roi.

(374.)

Que nomme-t-on les Croisades, vers la

fin du onzième siècle? Ce furent les guerres entreprises en mil quatre-vingt-quinze par les princes chrétiens d'Occident, et surtout par les François, pour aller combattre en Orient les Infidèles, et soustraire à leur domination les lieux sacrés qui avoient été le théâtre des mystères de la rédemption.

(375.)

D'où vient le nom de Croisades? Des croix que mettoient sur leurs bras ceux qui s'engageoient à cette guerre, et qui s'appeloient *Croisés*.

(376.)

Quel fut le succès de la première croisade? Les Croisés, ayant choisi pour chef Godefroi de Bouillon, prirent sur les Sarrasins Nicée, Antioche et enfin Jérusalem, dont ce même chef fut élu premier roi.

(377.)

Comment Pierre l'ermite fit-il entreprendre les Croisades, l'an 1095? Il alla solliciter tous les princes chrétiens à cette entreprise, avec un tel succès qu'après l'appel fait par le concile de Plaisance en Italie, et par celui de Clermont en France, les Chrétiens partirent pour la Terre-Sainte, au nombre de plus de cent mille, ayant pour chef le fameux Godefroi de Bouillon.

(378.)

Qui étoit Godefroi de Bouillon? Il étoit fils d'Eustache, comte de Boulogne, et héritier par sa mère des états de Godefroi le Bossu, duc de la basse Lorraine.

(379.)

Pourquoi Godefroi de Bouillon, élu roi de Jérusalem, refusa-t-il de porter la couronne? Il disoit, par humilité, qu'un tel faste ne convenoit point dans le lieu où Jésus-Christ avoit été couronné d'épines : il refusa le titre de roi, et prit celui de duc et avoué du Saint-Sépulcre.

(380.)

Que fit Godefroi de Bouillon après avoir régné un an à Jérusalem? Il mourut l'an onze cent, et y laissa pour successeur son frère Baudouin, qui prit le titre de roi.

Rodolphe est contre Henri pour le pape et l'Eglise.
Par Guiscard et Roger la Sicile est conquise.

(381.)

Pourquoi Rodolphe, duc de Souabe, fut-il choisi empereur l'an 1077? Pour soutenir le parti du pape Grégoire VII contre les projets de l'empereur Henri IV ; mais Rodolphe fut tué trois ou quatre ans après.

(382.)

Par quel moyen la Sicile tomba-t-elle au pouvoir des seigneurs normands? Les empereurs d'Occident et les papes, étant bien aises de chasser les Grecs et les Sarrasins de la Sicile, invitèrent Robert Guiscard et Roger son frère, seigneurs normands, ainsi que leurs vassaux, à se rendre maîtres de cette île.

(383.)

Que firent les Normands après s'être emparés de la Sicile? Y étant devenus plus puissants que ne l'auroient voulu les papes et les empereurs, ils gardèrent pour eux-mêmes leurs conquêtes, mais comme feudataires du Saint-Siège. C'est ainsi que furent érigés les royaumes de Sicile et de Naples.

(384.)

Que devinrent Robert Guiscard et Roger, tous deux fils de Tancrède de Hauteville? Robert Guiscard fut duc de Calabre et père de Boémond, fameux dans les Croisades; Roger fut comte de Sicile, et eut pour fils Roger, qui prit ensuite le titre de roi de Sicile.

Le duché de Lorraine à Gérard est donné.
La Bohême, en ce temps, vit son duc couronné.

(385.)

Qui donna la haute Lorraine à Gérard, comte d'Alsace ? Ce fut l'empereur Henri IV, qui, laissant la basse Lorraine au comte du Brabant, mit Gérard en possession de la haute, c'est-à-dire de la Lorraine proprement dite.

(386.)

Par qui le duché de Bohême fut-il érigé en royaume, l'an 1086? Par l'empereur Henri IV, qui, dans les troubles de son règne, voulant s'attacher Ladislas, duc de Bohême, l'invita à la diète de l'empire, et lui donna le titre de roi, sous la dépendance de l'empire.

L'Espagne réunie avoit Sanche le Grand.
L'Aragon eut Ramir, la Castille Fernand.

(387.)

Comment l'Espagne se trouva-t-elle réunie en un seul état sous le roi Sanche le Grand? Sanche, qui avoit déjà la Navarre et l'Aragon, hérita de la Castille par sa femme, et fit ensuite épouser à Ferdinand, son fils puîné, l'héritière du royaume de Léon.

(388.)

Quel partage se fit de l'Espagne, l'an 1034? Garcias, fils aîné de Sanche, conserva le royaume de Navarre ancien domaine de ses pères; Ramir eut le royaume d'Aragon; Fernard ou Ferdinand, qui porta comme son père le nom de Grand, eut pour sa part le royaume de Castille.

(389.)

Comment Ferdinand réunit-il à son royaume de Castille celui de Léon? Ce fut par sa femme, sœur et héritière de Vérémond, dernier roi de Léon, mort sans enfants.

En Portugal Henri fut comte, et son fils roi.
Du Danois l'Angleterre eut vingt-cinq ans la loi.

(390.)

Quel fait donna occasion à l'établissement du royaume de Portugal, l'an 1087? Ce fut la conquête de cet état sur les Maures, faite par Alphonse VI, roi de Castille et de Léon, assisté de Henri, frère du duc de Bourgogne, auquel il donna en mariage sa fille naturelle Thérèse.

(391.)

De qui Alphonse, fils de Henri de Bour-

gogne, reçut-il le premier le titre de roi de Portugal? Il fut proclamé roi par les soldats; et le pape Alexandre III lui en confirma le titre, voulant récompenser les exploits de ce prince contre les infidèles.

(392.)

Quelle remarque a-t-on faite sur le roi de Portugal Alphonse I? On a observé qu'il avoit régné le plus long-temps de tous les souverains connus : en effet son règne fut de soixante-treize ans, et par conséquent d'un an de plus que celui de Louis XIV sur la France.

(393.)

Comment l'Angleterre tomba-t-elle au pouvoir de Canut, roi de Danemarck? Canut, après de vives guerres, ayant obligé Edmond, dit Côte-de-Fer, roi d'Angleterre, à partager son royaume avec lui, s'empara de tout l'état en épousant la veuve d'Edmond.

(394.)

Que fit Canut quelque temps après la conquête de l'Angleterre? Il laissa ce royaume à son fils Harold, auquel succéda depuis Canut II, fils légitime de Canut I.

(395.)

Pourquoi l'Angleterre ne resta-t-elle que

vingt-cinq ans sous le pouvoir des Danois? Parce que, à la mort de Canut II, Alfred, frère d'Edmond Côte-de-Fer, fut rappelé par les Anglois mécontents du nouveau gouvernement.

Guillaume le Bâtard la subjugue et la tient.
De Cluni, Casimir en Pologne revient.

(396.)

Par quelle nouvelle révolution l'Angleterre vint-elle au pouvoir des Normands? Edouard III, dit le Confesseur, frère et successeur d'Alfred, n'ayant point d'enfants, nomma pour son héritier Guillaume le Bâtard, duc de Normandie, son parent, qui l'avoit aidé à remonter sur le trône.

(397.)

Quel rival avoit en Angleterre Guillaume, duc de Normandie? Le comte Harold, qui, se portant pour héritier de sa mère Tire, et s'appuyant d'un parti considérable, prétendoit à la royauté.

(398.)

Que fit Guillaume l'an 1066? Il passa en Angleterre avec une flotte nombreuse, pour prendre possession de cet état.

(399.)

Quels ordres donna Guillaume à ses troupes dès qu'elles furent débarquées ? Celui de brûler tous les vaisseaux ; puis il dit à son armée, en lui montrant l'Angleterre : « Voilà votre patrie. »

(400.)

Quelle bataille décida du sort de Guillaume et du comte Harold ? Celle d'Hastings, où Harold ſut tué avec ses deux frères et cinquante mille Anglois.

(401.)

Comment le prince de Pologne, Casimir I, se trouvoit-il à Cluni vers l'an 1034? Durant les troubles de son pays, il étoit venu y prendre l'habit monastique et les ordres sacrés, à dessein d'y ſinir ses jours dans la retraite.

(402.)

Pourquoi Casimir I quitta-t-il Cluni pour repasser en Pologne ? Les Polonois, indignés de la conduite de sa mère puis de celle d'Uratislas, duc de Bohême, qui s'étoient emparés l'un après l'autre du gouvernement de la Pologne, engagèrent le pape à faire sortir du cloître Casimir, quoique diacre, pour prendre la dignité royale, et se marier.

(403.)

Quelles prières Damase II établit-il dans l'Eglise, l'an 1048 ? Les prières solennelles pour les morts, le lendemain de la Toussaint, instituées déjà plusieurs années auparavant par saint Odilon, dans son abbaye de Cluni.

(404.)

Qui fonda l'ordre des Chartreux, vers l'an 1084? Saint Bruno, qui, s'étant retiré avec ses compagnons au milieu des montagnes de Grenoble, dans un endroit appelé Chartreuse, entouré de rochers presque inaccessibles et de précipices affreux, s'y livra à la prière, au travail, et à la pénitence.

XIIe SIÈCLE APRÈS JÉSUS-CHRIST.

DEPUIS L'AN 1100 JUSQU'A L'AN 1200.

(*Case* 25 *du Tableau.*)

Au douzième, six Grecs empereurs d'Orient.
Sept princes Allemands sont chefs en Occident.

(405.)

Quels furent les six princes grecs qui, dans le douzième siècle, montèrent sur le trône d'Orient? Ce furent Jean Comnène,

Manuel Comnène, Alexis Comnène II; Andronic, surnommé le Bourreau, à cause de sa férocité; Isaac l'Ange, Alexis III l'Ange, qui, conspirant contre son frère Isaac, le fit enfermer dans une prison après lui avoir fait crever les yeux.

(406.)

Que fit Jean Comnène, monté sur le trône l'an 1118, *et époux de la princesse Irène de Hongrie?* Il refusa de se laisser couper la main blessée par une flèche empoisonnée, disant qu'il n'avoit pas trop de deux mains pour tenir les rênes de son empire.

(407.)

Quel fut le caractère de Manuel Comnène, monté sur le trône l'an 1143? Il se mêla trop de disputes théologiques, et porta sa haine et sa jalousie contre les Croisés jusqu'à faire empoisonner les farines des armées combinées de Conrad son beau-frère et du roi de France Louis le Jeune. Il alla même jusqu'à livrer, par de faux guides, ces deux princes entre les mains de leurs ennemis.

(408.)

Comment se conduisit Isaac l'Ange envers Andronic le Bourreau, dont il avoit pris la place? Il le traita de la manière la plus indigne, en le faisant, dit-on, promener dans Constantinople sur un chameau galeux, le visage tourné vers la queue, un œil crevé; tandis que la populace lui crachoit au visage, et l'accabloit de pierres.

(409.)

Quels furent les sept empereurs allemands qui régnèrent en Occident dans le douzième siècle ? Ce furent Henri V le Jeune, Lothaire de Supplembourg, Conrad III, duc de Franconie; Frédéric Barberousse, Henri VI, nommé le Sévère, à cause des cruautés qu'il commit dans les royaumes de Naples et de Sicile; Philippe de Souabe, et Othon IV, de la maison de Brunswick.

(410.)

Que raconte-t-on de Lothaire de Supplembourg duc de Saxe ? On dit qu'ayant reçu du pape Innocent II l'usufruit des terres de la comtesse Mathilde en Italie, il lui montra sa reconnoissance en lui baisant les pieds, et en conduisant sa mule quelques pas.

(411.)

Que rapporte-t-on de Conrad III, duc de Franconie, qui, à la sollicitation de saint Bernard, fit dans la Terre-Sainte, avec le roi de France Louis VII, une expédition très malheureuse? On dit que ce prince, dans sa guerre en Souabe, ayant pris la ville de Winsberg, ordonna de faire prisonniers tous les hommes, et de donner la liberté aux femmes, en leur permettant d'emporter ce qu'elles avoient de plus précieux; qu'elles prirent alors leurs maris sur leur dos, leurs enfants sous leurs bras, et obtiurent ainsi de cet empereur sensible le pardon pour tous les habitants.

(412.)

Que raconte-t-on de Frédéric Barberousse? On dit qu'il fit raser Milan pour se venger de ce que les habitans avoient maltraité sa femme, et qu'après de longs démêlés avec Rome, étant excommunié par Alexandre II, il ne fut absous qu'en se prosternant devant lui à Venise.

(413.)

Que fit Othon IV de Brunswik, après la mort de Philippe de Souabe son collègue? Étant resté seul possesseur de l'empire, il fit alliance avec les Anglois, et perdit la bataille de Bouvines contre le roi de France Philippe-Auguste.

———

Gui Lusignan de Chypre, au douze, eut la couronne.
Henri dit le Lion perd ses états qu'on donne
A Bernard d'Ascanie, à Vitelspach Othon.
Brunswick et Lunebourg sous Henri le Lion.

(414.)

Par quel moyen Gui de Lusignan eut-il la couronne de Chypre ? Il l'acheta de Richard, roi d'Angleterre, qui, de retour de la Croisade, avoit pris cette île sur les Sarrasins, et qui en échange reçut de lui le titre de roi de Jérusalem.

(415.)

Quels états possédoit en Allemagne, avant l'an 1180, *Henri le Lion, duc de Saxe et de Bavière ?* Il avoit étendu sa domination depuis l'Elbe jusqu'au Rhin, et depuis la mer Baltique jusqu'aux frontières de l'Italie.

(416.)

Par qui Henri le Lion fut-il dépouillé de ses états, l'an 1180*?* Par l'empereur Frédéric Barberousse, qui, jaloux de la puissance de Henri son cousin, le déclara d'abord criminel de lèse-majesté, et ensuite, sous divers prétextes, le dépouilla de la souveraineté.

(417.)

A qui Frédéric Barberousse donna-t-il

les états d'Henri le Lion ? Il donna la Saxe à Bernard d'Ascanie, souche des maisons de Saxe Lawenbourg et d'Anhalt ; et la Bavière à Othon Vitelspach, chef des comtes palatins et des ducs de Bavière.

(418.)

Que devint Henri le Lion, chassé de ses états ? S'étant réfugié chez le roi d'Angleterre son beau-père, il obtint, par sa médiation, les états de Brunswick et de Lunebourg.

Barberousse expia sa faute en Orient,
Quand son fils Henri six règne à Naples en tyran.

(419.)

Pourquoi Frédéric Barberousse se rendit-il en Orient ? Il étoit sur le point d'être excommunié par le pape Urbain III, lorsque, cédant à ses sollicitations, il se réconcilia avec lui, et partit pour la Terre-Sainte.

(420.)

Quels exploits Frédéric Barberousse fit-il en Orient, l'an 1189 ? Il s'opposa aux progrès de Saladin qui avoit repris Jérusalem, remporta sur les Turcs deux grandes victoires, et pénétra jusqu'en Syrie.

(421.)

Où mourut Frédéric Barberousse, l'an 1190? Près de Tarse en Cilicie, pour s'être baigné dans les eaux du Cydnus, où l'on assure qu'Alexandre le Grand avoit aussi manqué de trouver la mort.

(422.)

Quelles acquisitions fit Henri VI, fils de Frédéric Barberousse? Il eut le royaume de Naples et de Sicile en épousant Constance, fille posthume de Roger I.

(423.)

Comment Henri VI régna-t-il en tyran? Parce qu'il se livra aux plus grands excès pour établir sa domination dans les deux Siciles, et qu'il tira des sommes excessives pour la rançon de Richard Cœur-de-Lion, roi d'Angleterre, devenu son prisonnier par une perfidie.

Quatre états dans l'Espagne unis sont partagés.
Sous Étienne de Blois les Anglois sont rangés;
Puis sous Henri d'Anjou, dont le fils fut puissant.
La Suède a la Gothie, quand Eric est mourant.

(424.)

Quel fut le roi sous lequel les quatre royaumes chrétiens de l'Espagne se trouvèrent réu-

nis en un seul, l'an 1104? Ce fut Alphonse le Batailleur, qui se trouva roi d'Aragon par ses ancêtres; de la Navarre, par son père, qui en avoit fait la conquête; de la Castille et de Léon, par sa femme Urraque.

(425.)

Comment les quatre états d'Alphonse le Batailleur furent-ils partagés en deux? Ce roi, ayant répudié sa femme Urraque, irrita tellement les Castillans qu'ils l'obligèrent à céder les deux états de Castille et de Léon à Alphonse VII, fils d'Urraque et de son premier mari Raymond de Bourgogne.

(426.)

Entre qui les deux états de Navarre et d'Aragon furent-il partagés? Après qu'Alphonse le Batailleur fut mort sans laisser d'enfants, l'Aragon échut à son frère Ramir, dit le Moine, et la Navarre à Garcias, petit-fils de Sanche, roi de Navarre, détrôné par le roi d'Aragon.

(427.)

Pourquoi Ramir, troisième frère d'Alphonse le Batailleur, fut-il dit le Moine. l'an 1134? Parce qu'il l'étoit en effet lorsque les peuples d'Aragon, le voulant pour roi, le tirèrent du cloître, où il avoit pris déjà l'ordre de prêtrise.

(428.)

Comment les Anglois passèrent-ils sous la domination d'Etienne de Blois, puis sous celle d'Henri d'Anjou? Par le droit d'héritage; Étienne de Blois étant petit-fils maternel du roi Guillaume le Conquérant, et Henri d'Anjou ayant pour aïeul maternel le roi Henri I, fils et successeur de ce même Guillaume.

(429.)

Comment Henri d'Anjou, dit Henri II, roi d'Angleterre, succéda-t-il à Étienne de Blois? Après s'être disputé long-temps ensemble le royaume d'Angleterre, il fut convenu entre eux qu'Étienne de Blois, se trouvant sans enfants mâles, régneroit paisiblement jusqu'à sa mort, et qu'ensuite ce seroit Henri II qui lui succéderoit.

(430.)

A quel excès se porta Henri II en Angleterre contre saint Thomas, archevêque de Cantorbery, l'an 1170? Mécontent de la fermeté avec laquelle ce saint soutenoit les droits de l'Eglise, il témoigna à ses courtisans le desir de le perdre. Thomas, nommé Becket, fut bientôt assassiné auprès de l'autel; mais le roi ne put être absous de ce crime qu'après s'être humilié sur le tombeau de ce saint prélat.

(431.)

Comment Richard, fils et successeur d'Henri II, roi d'Angleterre, se trouva-t-il un des plus puissants souverains de l'Europe? Parce qu'il eut de son aïeul maternel Mahaud ou Matilde, l'Angleterre et la Normandie; de ses ancêtres paternels, l'Anjou, la Touraine, le Maine et le Poitou; et qu'enfin par sa mère Eléonore, veuve du roi de France Louis VII, il posséda la Guyenne.

(432.)

Comment la Gothie fut-elle jointe à la Suède après la mort du pieux roi Eric X, tué par ses sujets rebelles? Parce que les Suédois appelèrent sur le trône Charles, roi de Gothie, qui unit ainsi les deux royaumes en un seul, vers la fin du douzième siècle.

(433.)

Quelle fut, au commencement du douzième siècle, l'origine des ordres de Saint Jean de Jérusalem ou de Malte, des Templiers, et des chevaliers Teutoniques? Ces ordres se formèrent de la réunion des hospitaliers qui recevoient à Jérusalem les pélerins. Ces hospitaliers, réunis d'abord sous le bienheureux Gérard, grand-maître de l'hôpital de Saint-Jean, et ensuite sous Raymond Du Puy, qui lui succéda, prirent les armes pour la défense des Chrétiens: d'autres gentilshommes les imitèrent et eurent le nom de *Templiers*, parce qu'ils avoient leur domicile près du Temple de Salomon: enfin, quelque temps après, il s'établit aussi à Jérusalem une réunion de chevaliers allemands hospitaliers, sous le nom d'ordre Teutonique.

(434.)

Quel fut le fondateur de l'ordre de Fontevrault, établi sous Pascal II, l'an 1117? Robert d'Arbrissel, qui, chargé par ce pape de prêcher les peuples, emmena un grand nombre de fidèles de l'un et de l'autre sexe dans les bois de Fontevrault; il y fit bâtir pour les hommes et pour les femmes des lieux de retraite séparés, et il institua l'abbaye de Fontevrault, dont l'abbesse fut dès-lors générale de l'ordre entier, et supérieure des religieux et des religieuses.

(435.)

Quel fut l'attachement singulier d'Abeilard pour Héloïse, devenue ensuite religieuse? Il en conserva le souvenir dans le monastère où il se retira pour mener une vie pieuse et d'où il entretint avec elle, jusqu'à sa mort, un commerce de lettres pleines à-la-fois de ten-

…esse et de piété. Les cendres des deux amans furent renfermées dans le même tombeau, l'an douze cent quarante-deux, au monastère du Paraclet, près de Nogent-sur-Seine.

XIIIe SIÈCLE APRÈS JÉSUS-CHRIST.

DEPUIS L'AN 1200 JUSQU'A L'AN 1300.

(*Case* 26 *du Tableau.*)

… treize, cinq Latins, deux Grecs en Orient.
… huit divers Césars est soumis l'Occident.

(436.)

Q. *Quels furent les cinq princes Latins de la communion romaine qui régnèrent sur l'empire Grec, au treizième siècle ?* Ce furent *Baudouin I*, comte de Flandre, élu par les princes croisés l'an douze cent quatre; *Henri*, frère de Baudouin I; *Pierre de Courtenai*, comte d'Auxerre; *Robert de Courtenai*, et *Baudouin II*, qui, l'an douze cent trente-neuf, fut chassé de Constantinople par Michel Paléologue, déjà maître du petit empire de Bithynie.

(437.)

Q. *Quels furent les deux empereurs Grecs qui, dans le treizième siècle, succédèrent dans*

Constantinople aux cinq empereurs Latins? Ce furent *Michel Paléologue*, qui se fit couronner empereur d'Orient par le patriarche de Constantinople, l'an douze cent cinquante-neuf; et *Andronic II Paléologue*, dont le règne fut remarquable par l'invasion des Turcs ou Musulmans dans l'empire, l'an mil deux cent quatre-vingt-treize.

(438.)

Quels furent les huit empereurs d'Occident dans le treizième siècle? Ce furent Frédéric II, quatre compétiteurs élus à la sollicitation des papes, et ensuite Rodolphe de Hapsbourg, Adolphe de Nassau, et Albert d'Autriche.

(439.)

Que fit Frédéric II après avoir été élevé à l'empire par le pape Innocent II, à la place d'Othon IV? Frappé d'excommunication peu de temps après par ce pontife, il ravagea les terres de l'Eglise avec les mêmes troupes qu'il avoit levées pour aller dans la Terre-Sainte contre les infidèles.

(440.)

Que produisirent les dissensions entre Frédéric II et les papes? Elles occasionèrent, dit-on, en Italie deux grandes factions, connues sous les noms de *Guelfes* et de *Gibelins*; les premiers pour le pape, et les seconds pour l'empereur.

(441.)

Quels furent les quatre compétiteurs à l'empire, élus à la sollicitation des papes pour exclure Frédéric II et son fils? Ce furent Henri, landgrave de Hesse ou de Thuringe, 1245; son successeur Guillaume, comte de Thuringe, 1247; Richard, fils puîné de Jean-sans-Terre, roi d'Angleterre; et Alphonse, roi de Castille, surnommé l'Astrologue, élus tous deux par différents électeurs en la même année.

(442.)

Que fit Rodolphe de Hapsbourg, élu empereur l'an 1273 *?* Il refusa de se faire couronner à Rome, disant que ses prédécesseurs n'en étoient jamais revenus que plus pauvres et moins puissants.

(443.)

Quel fut le sort d'Adolphe de Nassau, nommé empereur l'an 1292? Malgré sa valeur, il fut méprisé des Allemands à cause de sa pauvreté, et fut tué dans une bataille près de Spire, par Albert d'Autriche, au préjudice duquel il avoit occupé l'empire.

(444.)

Quelles acquisitions fit Albert d'Autriche, nommé empereur l'an 1298*?* Il obtint le royaume de Bohême pour son fils Rodolphe; mais il ne voulut point accepter le royaume de France que lui offroit le pape Boniface VIII.

Nicée et Trébisonde empires établis.
Les Croisades alors cessent en saint Louis.

(445.)

Par qui les deux petits empires de Nicée et de Trébisonde furent-ils établis, l'an 1204 *?* Celui de Nicée le fut par Théodore Lascaris, et celui de Trébisonde par Alexis Comnène, après que les Latins eurent repris la ville de Constantinople.

(446.)

Comment les expéditions des Croisées cessèrent-elles dans le temps que le roi saint Louis étoit du nombre de ces guerriers ? Les mauvais succès des Croisés, malgré les grands efforts de ce monarque françois, la peste qui s'étoit mise dans son armée, et la prise des villes de Tyr et d'Acre, mirent les chevaliers chrétiens hors d'état de poursuivre leur entreprise.

**Rodolphe Hapsbourg unit l'Autriche à sa maison.
Charles d'Anjou à Naples au temps que fut Sorbon.**

(447.)

Pourquoi l'empereur Rodolphe, comte de Hapsbourg en Suisse, passe-t-il pour être la souche ou le chef de la maison d'Autriche? Parce qu'il s'empara du marquisat d'Autriche sur Otocare, roi de Bohême, qui y prétendoit; et il en donna l'investiture à son propre fils Albert.

(448.)

Par quel moyen Charles d'Anjou, frère du roi de France saint Louis, devint-il roi en Italie, l'an 1265? Ayant été investi du royaume de Sicile et de Naples par le pape Urbain IV, il fit la guerre à Mainfroy, usurpateur de ce royaume, le vainquit, et le tua dans les plaines de Bénévent.

(449.)

Après ses victoires sur Mainfroy, quel autre ennemi Charles d'Anjou eut-il à combattre? Conradin, duc de Souabe, qui, aidé de Frédéric d'Autriche, étoit venu pour recouvrer l'héritage de ses aïeux en Italie.

(450.)

Que fit, l'an 1253, Robert de Sorbonne,

aumônier et confesseur du roi saint Louis? Né d'une famille obscure dans le diocèse de Rheims, et réfléchissant sur les peines qu'il avoit eues pour se faire recevoir docteur, il résolut de faciliter aux pauvres écoliers les moyens de parveuir aux grades; et avec le secours de ses amis il fonda dans l'université de Paris la maison de *Sorbonne*, devenue depuis si célèbre.

A Vêpres un carnage est fait de tout François
En Sicile, où régna Pierre l'Aragonois.

(451.)

Quel massacre des François se fit en Sicile le jour de Pâques 1282, *au son de la cloche des Vêpres?* Par l'intrigue d'un nommé Procita, émissaire, dit-on, de Pierre d'Aragon, tous les François de Sicile, au nombre de huit mille, y furent massacrés les uns dans les églises, les autres dans les places publiques, ou dans leurs maisons.

(452.)

Comment Pierre, roi d'Aragon, parvint-il au royaume de Sicile, l'an 1293? Ayant des prétentions sur ces états du côté de sa femme Constance, fille de Mainfroy, il réussit à faire prisonnier Charles le Boiteux, fils de Charles d'Anjou, dans un combat naval.

De fiers républicains dans la Suisse l'on vit.
La boussole sur mer alors s'introduisit.

(453.)

A quelle occasion fut érigée la république de la Suisse, état alors dépendant de l'empereur Albert d'Autriche? Les peuples de ce pays, irrités de la cruauté de leur gouverneur, qui avoit ordonné à un père, nommé Guillaume Tell, d'abattre à coups de flèches une pomme placée sur la tête de son fils, se révoltèrent contre leur prince, et se constituèrent en république vers la fin de ce siècle, ou au commencement du suivant.

(454.)

Quelle invention utile fut connue vers la fin du treizième siècle? L'usage de la boussole, pour diriger la route des vaisseaux sur mer sans l'inspection des astres, seul moyen connu jusqu'alors.

**Baléares, Valence acquis à l'Aragon.
Pour toujours saint Fernand joint Castille et Léon.**

(455.)

Par quel moyen les rois d'Aragon eurent-ils les îles Baléares? Ces îles, dites aujourd'hui Majorque et Minorque, ainsi que le royaume de Valence, passèrent au pouvoir des rois d'Aragon par la valeur du roi Pierre d'Aragon, qui en fit la conquête sur les Maures.

(456.)

Comment Ferdinand III, depuis canonisé, réunit-il en sa personne le royaume de Castille et celui de Léon, séparés depuis près de cent ans? Il eut la Castille en douze cent dix-sept, par l'abdication volontaire de sa mère la reine Bérengère, sœur aînée de Blanche, mère de saint Louis; et le royaume de Léon en douze cent trente, par la mort de son père Alphonse IX.

**La Navarre aux maisons de Champagne et de France.
Jean Sans-Terre assassin quand le siècle commence.**

(457.)

Par quelles alliances la Navarre passa-t-elle d'abord à la maison de Champagne, et ensuite à celle de France? Elle vint à Thibaut II, comte de Champagne, par sa mère

Blanche de Navarre, et passa ensuite à la France par le mariage du roi Philippe le Bel avec Jean de Champagne, héritière de la Navarre.

(458.)

Comment Jean Sans-Terre, roi d'Angleterre, et quatrième fils d'Henri II, se rendit-il coupable d'assassinat, l'an 1202? Il enferma dans la tour de Rouen Artus de Bretagne, son neveu, à qui cette province appartenoit, et le poignarda, dit-on, de sa propre main.

(459.)

Quelles furent les suites de l'assassinat commis par Jean Sans-Terre? Comme il refusoit de comparoître à la cour des pairs de France, où il étoit appelé à ce sujet en sa qualité de vassal, on confisqua sur lui la Normandie, la Guyenne, le Poitou; et il fut contraint de se retirer en Angleterre au milieu de ses sujets, qui le méprisoient.

(460.)

Pourquoi le règne de Jean Sans-Terre fait-il un grande époque parmi les Anglois? Parce qu'il signa deux actes, dont le premier fut nommé la *grande charte*, et le second la *charte des forêts*, qui furent le fondement de la liberté anglicane, et affoiblirent le pouvoir du monarque, regardé depuis comme le premier magistrat d'un peuple libre.

(461.)

Quels ordres religieux furent établis successivement dans le treizième siècle? On vit paroître, dans l'an douze cent dix, l'ordre des *Franciscains*, fondé par saint François d'Assises en douze cent seize; celui des *Frères Prêcheurs*, fondé par saint Dominique; celui de la *Trinité*, fondé par saint Jean de Matha et par saint Félix de Valois, dont les religieux s'astreignoient, par un vœu spécial, à racheter les chrétiens captifs chez les infidèles, ce que firent ensuite les Pères de la Merci en Espagne; l'ordre des *Carmes*, auxquels Albert, patriarche de Jérusalem donna la règle de saint Bazile; et les *Servites*, établis par saint Philippe Beniti.

(462.)

Quels usages furent établis dans l'Église, au treizième siècle? Les cardinaux prirent, pour la première fois, le chapeau rouge au concile de Lyon, l'an douze cent quarante-cinq; et le pape Urbain IV, l'an douze cent soixante-quatre établit la solennité du saint Sacrement, dite la *Fête-Dieu*, en l'honneur du saint Sacrement de l'Eucharistie, pour laquelle saint Thomas d'Aquin composa l'office.

XIVe SIÈCLE APRÈS JÉSUS-CHRIST.

DEPUIS L'AN 1300 JUSQU'A L'AN 1400.

(*Case 27 du Tableau.*)

Le quatorzième a quatre empereurs d'Orient,
Pendant que cinq Latins gouvernent l'Occident.

(463.)

Quels furent les quatre princes Grecs nommés empereurs d'Orient dans le quatorzième siècle? Ce furent *Andronic III Paléologue*, qui contraignit son grand-père Michel à se faire moine; *Jean Cantacuzène*, qui, s'étant retiré du monde, écrivit assez élégamment l'histoire de son pays; *Jean Paléologue*, qui, accablé par les sultans Amurat et Bajazet son fils, mourut de chagrin; *Manuel Paléologue*, que le turc Bajazet assiégea dans Constantinople, et qui finit ses jours dans un monastère.

(464.)

Quels furent les cinq empereurs qui eurent le sceptre d'Occident pendant le quatorzième siècle? Ce furent Henri, comte de Luxembourg; Louis de Bavière, Charles IV de Luxembourg, Wenceslas, et Rupert ou Robert, comte palatin du Rhin.

(465.)

Quelle fut la fin de Henri VII, comte de Luxembourg, mort l'an 1313? Après avoir fait vivement la guerre aux Guelfes en Italie, et surtout à Robert, roi de Naples, il mourut à Sienne, empoisonné, dit-on, par un pain consacré.

(466.)

Quel ennemi eut à combattre Louis de Bavière? Il eut d'abord pour compétiteur Frédéric d'Autriche; mais, l'ayant vaincu ensuite, il ne lui laissa que le titre de roi des Romains.

(467.)

En quoi le règne de Charles IV de Luxembourg fut-il célèbre? Par la publication de la fameuse *Bulle d'or*, contenant les lois de l'empire, surtout par rapport aux élections des empereurs.

(468.)

Quel fut le caractère de Wenceslas? Ce prince lâche, débauché et féroce, qui marchoit toujours accompagné du bourreau, fit mourir Népomucène pour n'avoir pas voulu révéler la confession de la reine, et fut enfin chassé de l'empire par ses sujets.

(469.)

Quels obstacles rencontra Rupert en montant à l'empire? Il eut pour compétiteur Frédéric de Brunswick, assassiné dans un chemin public; et, lorsqu'il fut maître de ses états, il ne put faire tout le bien qu'il projetoit, vu le grand désordre où Wenceslas, son prédécesseur, avoit laissé ses états.

Amurat, Bajazet, que Tamerlan soumit.
Plusieurs principautés en Italie on vit.

(470.)

Par quels exploits se rendit fameux Amurat I, empereur turc, l'an 1360? Il conquit sur les empereurs grecs la Servie, la Bulgarie, et prit un grand nombre d'autres provinces et villes, entre autres Andrinople, dont il fit le siége de son empire, et où il organisa la milice des janissaires.

(471.)

Comment se distingua Bajazet, empereur des Turcs en 1389, *et fils d'Amurat I?* Ce prince, appelé l'Eclair à cause de la rapidité de ses conquêtes, après avoir enlevé aux Chrétiens la Macédoine, la Thessalie, et presque toutes les provinces asiatiques, assiégea Constantinople, et rendit l'empereur Manuel Paléologue son tributaire et son vassal.

(472.)

Par quelles conquêtes s'illustra le Tartare Tamerlan? Il subjugua toute l'ancienne Perse jusqu'à Bagdad, s'ouvrit le passage des Indes, s'empara de Delhy, qui en étoit la capitale; et, passant ensuite en Syrie, il se rendit maître de Damas.

(473.)

Que fit Tamerlan en faveur de l'empereur grec Manuel Paléologue, qui l'appeloit à son secours, l'an 1402? Il vainquit complètement Bajazet, se rendit maître de sa personne, et l'enferma dans la même cage de fer que ce sultan lui avoit destinée.

(474.)

Quelle conversation eurent ensemble Tamerlan qui étoit boiteux, et Bajazet qui étoit borgne? Le vainqueur dit à ce dernier que Dieu faisoit sans doute peu de cas des empires, puisqu'il les ôtoit à des borgnes pour les donner à des boiteux.

(475.)

Comment, vers le commencement du quatorzième siècle, plusieurs villes et provinces d'Italie devinrent-elles des principautés? Dans le trouble des guerres civiles excitées en Italie par l'empereur Louis de Bavière, plusieurs gouverneurs des villes et cantons, et nommément les Scaliger à Vérone, les d'Est à Ferrare, les Gonzague à Mantoue, se rendirent souverains dans leurs pays respectifs.

(476.)

Qui contribua à affermir dans leurs souverainetés les princes de Vérone, de Ferrare, de Mantoue? Ce fut le pontife de Rome, en ce qu'il reconnut leur domination légitime, voulant se faire de ces princes un puissant appui contre Louis de Bavière, ennemi acharné du saint-siége.

Jeanne aux quatre maris à Naples perd la vie
Par Charles de Duras, mis à mort en Hongrie.

(477.)

Quels furent les quatre maris qu'eut Jeanne, reine de Sicile, princesse violente et déréglée? Le premier fut *André*, fils du roi de Hongrie, son cousin, qu'elle fit étrangler au bout de deux ans; le second, *Louis*, prince de Tarente, aussi son cousin; le troisième, *Jacques d'Aragon*, roi de Majorque; le quatrième, *Othon de Brunswick*. (Ainsi s'accomplit une prédiction, ou plutôt une satire faite après l'événement, et qui portoit que cette princesse épouseroit A, L, J, O, lettres initiales du nom de chacun de ses maris.)

(478.)

Quel successeur voulut se donner de son vivant Jeanne, reine de Sicile, n'ayant point d'enfants? Elle adopta pour héritier Charles de Duras, son parent; puis, révoquant cette adoption, elle nomma Louis I d'Anjou.

(479.)

Comment Charles de Duras, rejeté par la reine Jeanne, se vengea-t-il de cet affront? S'étant rendu maître de Naples, il fit étrangler la reine Jeanne et s'empara du royaume; mais il ne le garda pas long-temps, ayant été assassiné en chemin, pendant qu'il alloit prendre possession de la couronne de Hongrie.

Alphonse Castillan vainc les Maures de Fez.
L'Espagne eut Transtamare et trois rois fort mauvais.

(480.)

Quelle victoire signalée Alphonse de Castille remporta-t-il sur les Maures dans le royaume de Fez en Afrique, l'an 1340? Il leur tua deux cent mille hommes, et fit sur eux un butin si considérable, que le prix de l'or baissa d'un sixième en Espagne.

(481.)

Quels furent les trois mauvais rois qui régnèrent en Espagne du temps de Henri Transtamare, bâtard d'Alphonse XI, roi de Castille? Ce furent *Pierre le Cruel*, roi de Castille, tué par son frère Henri de Transtamare, dont l'armée étoit conduite par le fameux guerrier françois Duguesclin; *Pierre I*, ou don Pedre, roi de Portugal, qui tua de sa propre main les meurtriers d'Inès de Castro, sa maîtresse favorite; *Charles le Mauvais*, roi de Navarre, comte d'Évreux, qui, dit-on, empoisonna Charles V, roi de France.

Deux rois sont prisonniers du troisième Édouard :
Sa maison se divise. En Ecosse est Stuart.

(482.)

Qui furent les deux rois faits prisonniers par le fameux Édouard III, roi d'Angleterre? Le premier fut *David Bruce*, roi d'Écosse; le second fut *Jean*, roi de France, pris à la bataille de Poitiers par le prince de Galles, aussi grand guerrier que l'avoit été son père Edouard III, mais qui mourut avant de le remplacer sur le trône d'Angleterre.

(483.)

Par quelles institutions Edouard III est-il connu, vers l'an 1346? Etant invité par les Flamands, par l'empereur et par plusieurs autres princes, à prendre le titre de roi de France, il unit, le premier, dans son écusson, la couronne de lis avec le léopard britannique. Il fut aussi l'instituteur de l'ordre de la Jarretière.

(484.)

De quelle manière la maison d'Édouard III commença-t-elle a déchoir de la grandeur où ce prince l'avoit portée? Ce fut par de cruelles divisions de famille, sous le règne de Richard II, son petit-fils et son successeur. Ce prince, sous prétexte de prévenir les troubles, ayant fait mourir Thomas de Glocester, enhardit par là Henri, son cousin-germain, fils du duc de Lancastre, à le chasser du trône, et à y monter à sa place.

(485.)

Comment la maison des Stuart, nom qui signifioit sénéchal, *parvint-elle au trône d'Écosse, l'an* 1370? Par le moyen de Robert Stuart, qui succéda au roi David Bruce, comme fils de sa sœur Marie Bruce, épouse de Walter Stuart, sénéchal d'Ecosse.

Jagellon, fait chrétien par Hedwig de Hongrie,
En Pologne régnant, joint la Lithuanie.

(486.)

Comment Ladislas V, dit Jagellon, grand-duc de Lithuanie, fut-il fait chrétien par Hedwige? Il se fit baptiser pour épouser Hedwige, fille de Louis, roi de Hongrie, comme elle l'exigeoit de lui.

(487.)

Comment Ladislas, par son mariage, joignit-il la Pologne à la Lithuanie? Parce que les états de Pologne choisirent pour reine Hedwige, à condition que la Pologne auroit le même souverain que la Lithuanie.

Marguerite, ayant eu trois royaumes du Nord,
Pour Eric son neveu les quitte sans effort.

(488.)

Par quels titres Marguerite de Danemarck unit-elle dans sa personne les trois royaumes de Danemarck, de Norwège et de Suède? Elle eut le Danemarck comme fille et héritière du roi Waldemar III; la Norwège et la Suède, comme femme de Haquin, qui étoit roi de Norwège et fils d'un roi de Suède.

(489.)

Que fit Marguerite après avoir gouverné ses états avec beaucoup de dignité ? Pour contenter ses sujets, elle se démit de la couronne en faveur d'Eric XIII, duc de Poméranie, son neveu.

(490.)

Dans quelle ville de France Clément V fixa-t-il le saint-siége pendant son pontificat, l'an 1309? D'abord à Poitiers, puis à Bordeaux, et enfin à Avignon, qu'il obtint de la reine Jeanne de Naples.

(491.)

Comment traita-t-on Molay, grand-maître des Templiers, et plusieurs chevaliers de cet ordre, l'an 1314? Ils furent brûlés à Paris, sur la sentence des commissaires nommés par le pape et par le roi Philippe-le-Bel. Le grand-maître les appela, dit-on, au jugement de Dieu, et, dans la même année, le pape et lui moururent.

(492.)

Quelle addition fit le pape Urbain V aux ornements pontificaux, l'an 1367? Il ajouta une troisième couronne à la tiare, que Boniface VIII avoit déjà ornée de deux.

(493.)

Par quelle raison Grégoire XI remit-il sa résidence et le saint-siége à Rome, l'an 1371 ? Ce fut par les conseils de sainte Catherine de Sienne, religieuse de saint Dominique, et de Sainte Brigitte, soixante et dix ans après que le saint-siége avoit été transféré à Avignon par Clément V.

XVe SIÈCLE APRÈS JÉSUS-CHRIST.

DEPUIS L'AN 1400 JUSQU'A L'AN 1500.

(*Case 28 du Tableau.*)

Au quinzième ont deux Grecs et deux Turcs l'Orient.
Quatre princes Germains possèdent l'Occident.

(494.)

Quels furent les deux princes grecs élus en Orient pendant le quinzième siècle? Ce furent *Jean Paléologue*, qui craignant la dissolution de son empire, à cause des succès prodigieux des Turcs, mourut de chagrin l'an quatorze cent quarante-huit; *Constantin Paléologue* tué en defendant la ville de Constantinople prise en 1453 par Mahomet II, qui mit ainsi fin à l'empire d'Orient fondé par le grand Constantin onze cent vingt-deux ans auparavant.

(495.)

Quels furent les deux princes turcs, appelés sultans ottomans, qui régnèrent à Constantinople après la chute de l'empire grec? Ce furent *Mahomet II*, dont les puissantes armées furent défaites en plusieurs endroits par Scanderberg, roi d'Albanie; puis à Belgrade, par le fameux Jean Corvin, dit Huniade, en quatorze cent cinquante-six; et enfin devant Rhodes, par Pierre d'Aubusson, grand-maître des chevaliers de Saint-Jean: *Bajazet II*, qui étendit ses conquêtes jusqu'aux embouchures du Danube et du Dniéper, et qui fit la guerre aux Vénitiens sous prétexte de secourir Louis Sforce, duc de Milan, l'an quinze cent douze.

(496.)

Quels furent les quatre princes allemands élus empereurs dans le quinzième siècle? Ce furent Sigismond, fils de Charles IV et père de l'empereur Wenceslas; Albert II, duc d'Autriche; Frédéric III, dit le Pacifique; et Maximilien I, archiduc d'Autriche.

(497.)

En quoi se distingua Sigismond, élu empereur l'an 1410 ? Il employa son autorité pour éteindre le schisme des papes au concile général de Constance, assemblé par ses soins ; et défit en Bohême le fameux Hiska, disciple et vengeur de la mort de Jean Hus et de Jérôme de Prague, chefs des Hussites, condamnés au feu par le concile de Constance.

(498.)

Que fit Albert II, duc d'Autriche, monté sur le trône l'an 1638 ? Dans une grande diète tenue à Nuremberg, il abolit l'ancienne loi du jugement secret, par laquelle on condamnoit un homme à mort sans qu'il fût entendu.

(499.)

Quel fut le caractère de Frédéric III, ou selon d'autres IV, monté sur le trône l'an 1440 ? Il laissa prendre l'Autriche par Mathias Corvin, roi de Hongrie, et se consola aisément de cette perte en disant que l'oubli des biens qu'on ne peut recouvrer est la félicité suprême.

(500.)

Qu'a-t-on remarqué au sujet de l'empereur Maximilien I? Qu'il devint grand et puissant par ses mariages ; d'abord par celui avec Marie, fille de Charles, dernier duc de Bourgogne, seigneur des Pays-Bas, etc., et ensuite par ses secondes noces avec Blanche, fille et héritière de Galéas Marie Sforce, duc de Milan.

(501.)

A quel distique latin donna lieu le bonheur qu'eurent les princes de la maison d'Autriche, d'épouser de riches héritières? A celui-ci :

« *Bella gerant fortes ; tu, felix Austria, nube :*
« *Nam quæ Mars aliis, dat tibi regna Venus.* »

« Aux guerriers laisse les combats :
« L'hymen te sert mieux que Bellone ;
« A lui tu dois bien plus d'états
« Qu'à d'autres la guerre n'en donne. »

(502.)

Comment Maximilien I nourrissoit-il sa haine irréconciliable contre les François? En relisant souvent ce qu'il appelloit son *livre rouge*, où étoient marqués tous les torts qu'il imputoit à la France.

(503.)

Malgré l'antipathie de Maximilien I pour les François, quelle haute idée avoit-il de leur monarchie? Il disoit que, s'il étoit Dieu, et qu'il eut deux fils, le premier seroit Dieu, et le second roi de France.

(504.)

Jusqu'où Maximilien I porta-t-il son ambition pour rétablir l'aigle impériale en Italie? Il engagea le pape Jules II à l'accepter pour son coadjuteur dans le pontificat; il prit lui-même quelquefois le titre de *Pontifex maximus*, à l'exemple des empereurs romains, et il emprunta de l'argent pour acheter les voix des cardinaux.

(505.)

Quelle division Maximilien I fit-il de l'Allemagne? Il partagea cette contrée en dix provinces, qu'il appela les *dix cercles de l'empire*.

Savoie et Ferrarois sont formés en duché.
Le grand art d'imprimer par Guttemberg créé.

(506.)

Par quelle autorité la Savoie devint-elle un duché? Par l'empereur Sigismond, qui, élevant la Savoie du rang de comté à celui de duché, l'an quatorze cent quinze, donna ce dernier titre à l'ancien comté d'Amédée VIII, connu depuis par sa retraite dans le prieuré de *Ripaille*, près de Thonon.

(507.)

Comment Ferrare fut-il érigé en duché, l'an 1440? Le pape créa le duché de Ferrare en faveur de Borso, ancien marquis de cet état, sous le règne de Frédéric III, ou, selon d'autres, IV du nom.

(508.)

Dans quelle ville d'Allemagne le fameux Guttemberg, né à Mayence, commença-t-il ses premiers essais de typographie? Ce fut dans la ville de Strasbourg qu'il exécuta l'idée d'imprimer avec des caractères mobiles. Il se réfugia ensuite à Mayence, où il s'associa avec Fust pour finir son travail; mais Schœffer en perfectionna la découverte en donnant l'art de fondre les caractères, de frapper les poinçons et les matrices.

Chypre, par Jacques prise, à Venise resta.
En Perse Usum-Cassan. Son petit-fils régna.

(509.)

Comment le royaume de Chypre se trouva-t-il à la disposition de Jacques, évêque de Nicosie? Ce prélat, fils bâtard du dernier roi de Chypre, fit chasser de cette île Charlotte de Chypre, sa sœur, à qui la couronne appartenoit de droit, et qui l'avoit partagée avec son mari Louis de Savoie.

(510.)

Quels moyens Jacques, évêque de Nicosie, employa-t-il pour s'emparer du royaume de Chypre, l'an 1476? Ayant obtenu le secours du sultan des Turcs, auquel il fit serment de fidélité, il épousa la fille d'un seigneur vénitien nommé Cornaro, que le sénat adopta, et par laquelle il hérita ensuite du royaume de Chypre.

(511.)

Comment Usum-Cassan, prince ou gouverneur d'Arménie, s'empara-t-il de la Perse, l'an 1467? Dans les deux grandes factions formées en Perse sous les noms de la *Brebis blanche* et de la *Brebis noire*, Usum-Cassan, qui étoit de la première, se révolta contre son roi Joancha, qui étoit de la seconde, et, l'ayant tué, il subjugua tout le pays.

(512.)

Comment Ismaël, petit-fils d'Usum-Cassan, fixa-t-il son trône en Perse, l'an 1499? En se disant descendu d'Ali, gendre de Mahomet, et en donnant à l'Alcoran une nouvelle explication, regardée comme hérétique par les autres disciples de Mahomet.

(513.)

Pourquoi les successeurs d'Ismaël de Perse prirent-ils le nom de Sophis? Ils le tirèrent non du mot grec qui signifie sage, mais d'un mot qui, en langue persane, veut dire laine; matière que les princes persans employoient pour faire leurs turbans.

Misnie et Nuremberg furent faits électeurs
De Saxe et Brandebourg, eux et leurs successeurs.

(514.)

Dans quel temps le burgrave de Nuremberg et le marquis de Misnie furent-ils créés électeurs? L'empereur Sigismond nomma à perpétuité Frédéric, burgrave de Nuremberg, à l'électorat de Brandebourg, l'an quatorze cent dix-sept; et Frédéric, marquis de Misnie, à l'électorat de Saxe, l'an quatorze cent vingt-deux.

Aragon puis Anjou sont à Naples adoptés.
Corvin et Scanderberg sont des Turcs redoutés.

(515.)

Comment Alphonse V, roi d'Aragon, parvint-il au royaume de Naples? Ce fut parce que la reine de Naples Jeanne II, princesse inconstante, révoqua l'adoption qu'elle avoit faite d'abord du roi d'Aragon, et adopta en sa place Louis III d'Anjou, prince du sang de France.

(516.)

Qui parvint à la couronne de Naples après la mort de la reine Jeanne II? Ce fut Alphonse, roi d'Aragon, qui ayant emporté d'assaut la ville de Naples, s'y fit reconnoître souverain, et força son compétiteur René d'Anjou, frère de Louis III d'Anjou, à se retirer en France.

(517.)

Quels héros chrétiens soutinrent vers le milieu du quinzième siècle les efforts des Turcs? Les deux Corvin Huniade, père et fils gouverneurs ou rois de Hongrie; puis Georges Castriot, roi d'Albanie, connu sous le nom de Scanderberg, qui signifie *l'Alexandre du pays*.

(518.)

Qui étoit Scanderberg? Fils d'un seigneur d'Albanie, il fut donné en otage aux Turcs; il en commanda les armées avec succès, et quitta ensuite leur service l'an quatorze cent quarante-six, pour se retirer dans son pays.

(519.)

Quels prodiges de valeur raconte-t-on de Scanderberg? Il se trouva à vingt-deux batailles, où il ne reçut qu'une légère blessure, et se maintint en Albanie pendant vingt-quatre ans avec une poignée de gens, à la tête desquels il défit souvent de nombreuses armées, et tua deux mille Turcs de sa propre main.

Les états de l'Espagne unis en Ferdinand,
Dont l'habile Colomb au loin le règne étend.

(520.)

Comment les états d'Espagne, à l'exception du Portugal, se trouvèrent-ils unis en Ferdinand V, dit le Catholique? Par le mariage de ce prince, héritier du royaume d'Aragon, avec Isabelle, héritière du royaume de Castille.

(521.)

Comment Christophe Colomb, habile navigateur génois, étendit-il les états de Ferdinand V et d'Isabelle? Ayant reçu de cette princesse trois vaisseaux, il partit pour découvrir des terres inconnues; et, après avoir mouillé aux îles Canaries, il arriva en trente-trois jours aux îles Lucayes, où il établit le premier fondement de la puissance espagnole en Amérique.

(522.)

Comment Christophe Colomb, qui avoit été regardé, à son départ de Madrid, comme visionnaire, fut-il traité à son retour? Ferdinand V et Isabelle le reçurent avec les honneurs réservés aux grands d'Espagne; ils le nommèrent amiral et vice-roi du Nouveau-Monde, où ils le renvoyèrent avec une flotte de dix-sept vaisseaux, l'an quatorze cent quatre-vingt-treize, et où il découvrit encore les Caraïbes et la Jamaïque.

Quatre Jacques d'Ecosse. York et Lancastre unis.
Par rois et gouverneurs les Suédois affoiblis.

(523.)

Quels furent les quatre rois qui régnèrent en Écosse dans le quinzième siècle? Ce furent quatre princes de la maison de Stuart; savoir : Jacques I, assassiné dans son lit l'an quatorze cent trente-trois; et Jacques II, III et IV, tous tués en diverses batailles contre les Anglois.

(524.)

Quelle réunion de familles illustres se fit

en Angleterre vers la fin du quinzième siècle? La maison de Lancastre, d'où étoient sortis Henri IV, V et VI, se trouva unie à la maison d'York sous Henri VII, issu des comtes de Richmond, nommé le Salomon de l'Angleterre.

(525.)

Par quel droit Henri VII unit-il en lui seul les deux maisons de Lancastre et d'York, qui se disputoient depuis longtemps le royaume? Se trouvant de la maison de Lancastre comme fils de la reine Marguerite, il entra dans les droits de la maison d'York par son mariage avec Elisabeth, fille et héritière d'Edouard IV.

(526.)

Par qui furent agités et affoiblis les Suédois après la mort de Christophe de Bavière, élu roi de Danemarck et de Suède, l'an 1448? Par les rois de Danemarck, qui vouloient régner en Suède; et par les anciens gouverneurs suédois, qui vouloient y conserver leurs places.

(527.)

Quel homme célèbre fut créé cardinal par Eugène IV, l'an 1439? Bessarion, grec de naissance, qui travailla avec beaucoup de zèle à la réunion des deux Eglises latine et grecque, et qui seroit ensuite monté sur le siége pontifical si le cardinal Alain, breton, ne se fût opposé à l'élection d'un prêtre grec.

XVIe SIÈCLE APRÈS JÉSUS-CHRIST.

DEPUIS L'AN 1500 JUSQU'A L'AN 1600.

(*Case 29 du Tableau.*)

Charles-Quint. Ferdinand joint Bohême et Hongrie.
Maximilien. Rodolphe eut la guerre en Turquie.

(528.)

Par quel droit l'Espagne, l'empire d'Allemagne et d'autres états, furent-ils sous la domination de Charles-Quint, l'an 1519? Charles-Quint eut la monarchie d'Espagne par sa mère Jeanne d'Aragon, fille unique de Ferdinand V et d'Isabelle; le comté de Bourgogne, les Pays-Bas et l'Autriche, par son père Philippe, archiduc d'Autriche; et l'empire d'Allemagne par la mort de Maximilien son grand-père.

(529.)

Quel fut le succès de la guerre que Charles-Quint fit aux François au sujet du Milanois? Ses troupes y gagnèrent la fameuse bataille de Pavie, où, l'an quinze cent vingt-cinq, François I, roi de France, fut fait prisonnier.

(530.)

Quel illustre prisonnier fit Charles-Quint à Rome, l'an 1527? Son armée, sous la conduite du connétable de Bourbon, ayant pris d'assaut la ville de Rome, fit prisonnier le pape Clément VIII, réfugié dans le château Saint-Ange.

(531.)

Comment le connétable de Bourbon, prince du sang de France, se trouvoit-il au service de Charles-Quint? C'est que cet empereur, pour porter des coups plus sûrs à la France, étoit parvenu à gagner le connétable en lui promettant en mariage sa propre sœur Eléonore.

(532.)

Quels exploits fit Charles-Quint contre Soliman II et contre Barberousse? Il fit lever le siége de Vienne à Soliman II, qui l'attaquoit avec cent mille hommes; il vainquit le fameux pirate Barberousse, devenu roi d'Alger et de Tunis; et de retour en Hongrie, où régnoit son frère Ferdinand, il en expulsa les troupes de Soliman.

(533.)

Comment Charles-Quint en usa-t-il à l'égard des Protestants, dont le nombre se multiplioit en Allemagne, et qu'il avoit ménagés d'abord, l'an 1527? Voyant la ligue qu'ils avoient faite à Smalkade, il leur fit la guerre, les vainquit avec éclat, et fit prisonniers deux chefs de leur parti. Frédéric, duc de Saxe, et Philippe, landgrave de Hesse.

(534.)

Comment Charles-Quint, qui s'étoit rendu si redoutable par ses expéditions, parut-il malheureux vers la fin de son règne, l'an 1552? Il fut obligé de lever successivement le siége de Marseille, puis d'Alger, et enfin celui de Metz, bien qu'il eût attaqué cette dernière place avec cent mille hommes.

(535.)

Que fit Charles-Quint lassé de ses revers, l'an 1552? Il céda la monarchie d'Espagne, les Pays-Bas, le Milanois, à Philippe II son fils; et l'année suivante, il abdiqua l'empire avec ses états d'Allemagne en faveur de son frère puîné Ferdinand I, déjà roi de Bohême et de Hongrie, pour se retirer dans le monastère de Saint-Just en Estramadure, où il mourut cinq ans après.

(536.)

Qui remplaça l'empereur Ferdinand I? Maximilien II son fils, prince doux, éclairé et indulgent, qui ne crut pas devoir réduire les Protestants par la voie des armes : « Ce n'est point, disoit-il, en rougissant les autels du sang hérétique qu'on peut honorer le Père commun des hommes. »

(537.)

Quel succès Rodolphe II, fils et successeur de Maximilien II, eut-il contre les Turcs? Ayant perdu la Hongrie, il ne la recouvra sur les Turcs qu'à l'aide des François, qui commandés par le duc de Mercœur l'an seize cent, prirent Albe-Royale.

Florence et puis Mantoue ont leurs ducs Médicis
Et Gonzague. Paul trois donne Parme à son fils.

(538.)

Comment s'établirent en Italie les duchés de Parme et de Mantoue, vers l'an 1549? L'empereur Charles-Quint reconnut duc de Mantoue Frédéric Gonzague, ancien seigneur de ce pays, et donna aussi le titre de duc de Florence et en même temps la main de Marguerite sa fille naturelle, à Alexandre de Médicis, neveu du pape Alexandre VII, voulant par là effacer les mauvais traitemens qu'il avoit fait souffrir à ce pontife.

(539.)

Comment le pape Paul III étoit-il le père de Louis Farnèse? Ce pontife avoit eu ce fils d'un mariage secret contracté avant d'être cardinal; puis, devenu pape, il le fit connoître, et le créa duc de Parme et de Plaisance.

Soliman prend Belgrade et Rhodes sur Villiers,
Manque Vienne, et puis Malte, où sont les chevaliers.

(540.)

Par quelles victoires Soliman II, fameux empereur Turc, signala-t-il les premières années de son règne, l'an 1520? Il prit Belgrade et Bude en Hongrie, et conquit l'île de Rhodes sur les chevaliers de Saint-Jean, malgré la belle défense de leur grand-maître Philippe de Villiers.

(541.)

Où se retirèrent les chevaliers de Saint-Jean de Jérusalem après la prise de leur île de Rhodes, l'an 1522? Dispersés d'abord en divers endroits de l'Italie, il se réunirent dans l'île de Malte, que l'empereur Charles-Quint leur avoit abandonnée en souveraineté l'an quinze cent trente, et où ils ont demeuré depuis sous le nom de chevaliers de Malte.

(542.)

Quel échec Soliman II eut-il devant Vienne, l'an 1529? Il y perdit quatre-vingt mille hommes, et fut contraint de s'en retirer; mais il se dédommagea par la prise d'Albe, de Strigonie et d'autres places.

(543.)

Quel succès eut l'entreprise de Soliman II contre l'île de Malte, l'an 1534? Il y échoua par la valeur extraordinaire des chevaliers, habitans de cette île depuis que l'empereur Charles-Quint la leur avoit donnée pour les indemniser de la perte de Rhodes.

(544.)

Pourquoi l'hérésiarque Luther, moine Augustin, s'étoit-il soulevé contre l'Eglise? Irrité de n'avoir pas reçu de Léon X la commission de prêcher en Allemagne les indulgences en faveur de ceux qui contribueroient à faire la guerre aux infidèles et à soutenir l'éclat du Saint-Siége, il se déchaîna contre la confession, la messe, les vœux; il soutint que le pain demeuroit dans l'Eucharistie avec le corps de Jésus-Christ, et accumula lui seul plus d'erreurs que n'en avoient enfanté tous les autres hérésiarques, l'an quinze cent dix-sept.

(545.)

Quel autre chef d'hérésie parut après Luther? Jean Calvin, chanoine de Noyon, qui, après avoir publié sa fameuse *institution*, se retira à Genève, dont les habitants chassèrent leur évêque, en adoptant, avec l'hérésie nouvelle, un gouvernement républicain, l'an quinze cent trente-trois.

D'Est eut le Modenois; Jules deux prit Ferrare.
Philippe, par son droit, du Portugal s'empare;
Puis perd les Pays-Bas: Nassau s'y fait un nom.

(546.)

Pourquoi César d'Est, à la mort d'Alphonse II son père, dernier duc de Ferrare et de Modène, eut-il seulement le duché de Modène? Le pape soutint que César d'Est, n'étant pas fils légitime, n'avoit aucun droit sur le duché de Ferrare, fief du Saint-Siège; et il se l'appropria.

(547.)

De quel droit Philippe II, roi d'Espagne et fils de Charles-Quint, acquit-il le royaume de Portugal ? Comme fils de la sœur du cardinal Henri, roi de Portugal, il se fit préférer à Catherine de Bragance, aussi héritière et parente au même degré que lui, disant « qu'entre cousins-germains le prince doit être préféré à la princesse, de même que le frère est préféré à la sœur. »

(548.)

Comment Philippe II perdit-il une partie de ses provinces des Pays-Bas ? Par la révolte des habitants, et plus encore par la sévérité des mesures que prit contre eux le duc d'Albe leur gouverneur, en faisant périr sur un échafaud les principaux seigneurs de ce pays, entre autres le comte d'Egmont et Philippe de Montmorenci.

(549.)

Comment Guillaume de Nassau, capitaine général de l'armée des insurgés, se montra-t-il dans la révolte des Pays-Bas, l'an 1584 ? Ayant adopté la religion protestante, suivie généralement par les révoltés, il réussit, par sa persuasion, son courage et sa politique, à fonder la république des États-Généraux ou des Provinces-Unies de la Hollande.

Chypre vient à Sélim ; Lépante en fait raison.
L'inconstant Henri huit, divorce et schisme fit.
Édouard, Jeanne, Marie, Élisabeth on vit.

(550.)

Par qui Sélim II fit-il la conquête de l'île de Chypre sur les Vénitiens ? Par son général Mustapha, qui fit écorcher le vaillant Bragadin, commandant vénitien, pour avoir refusé de se faire mahométan.

(551.)

Quelle victoire dédommagea les Chrétiens de la perte de l'île de Chypre ? Ce fut la victoire que remporta leur armée navale dans le golfe de Lépante, l'an quinze cent soixante-six, sous le commandement de Jean d'Autriche, fils naturel de Charles-Quint, aidé des républiques de Venise et de Gênes.

(552.)

Quelle fut la cause principale du divorce que fit le roi d'Angleterre Henri VIII avec Catherine d'Aragon sa femme, tante de Charles-Quint ? Ce fut sa passion pour Anne de Boulen, qu'il voulut épouser malgré le pape, et à laquelle il fit cependant trancher la tête en quinze cent trent-six, pour épouser successivement deux autres maîtresses.

(553.)

Quelle fut la suite de tous les mariages scandaleux de Henri VIII? Le pape excommunia ce prince, qui, malgré son ancien zèle à défendre la religion catholique contre Luther, embrassa les principes des novateurs, se sépara de la communion romaine, et se fit déclarer chef de l'Eglise anglicane.

(554.)

Qui succéda à Henri VIII, roi d'Angleterre? Ce fut son fils sous le nom d'Édouard VI, né de Jeanne de Seymour qu'Henri VIII avoit épousée après Anne de Boulen, sa première maîtresse.

(555.)

Combien de temps Édouard VI posséda-t-il la couronne d'Angleterre? Il commença de régner à l'âge de dix ans, et mourut en quinze cent cinquante-trois, dans sa seizième année; après avoir appelé au trône Jeanne de Gray sa cousine, au préjudice de Marie et d'Élisabeth ses deux sœurs.

(556.)

Quel fut le sort de Jeanne de Gray? Elle fut chassée du trône par Marie I, qui le réclamoit de droit, et qui fit trancher la tête à sa rivale.

(557.)

Comment finit la reine Marie I? Cette princesse, attachée à la religion romaine, essaya vainement de la rétablir dans son royaume; le chagrin qu'elle conçut de n'avoir pas réussi, et la reprise de Calais par les François, accélérèrent sa mort.

(558.)

Qui succéda à la reine Marie I? Ce fut Elisabeth, fille d'Henri VIII, née du mariage de ce prince avec Anne de Boulen, et sœur de père de la reine Marie I, qui, en montant sur le trône, l'avoit confinée dans une prison.

(559.)

En quoi se distingua la reine Élisabeth? Cette princesse, portée pour la religion protestante, s'occupa d'abord du soin de l'affermir dans ses états, qu'elle gouverna avec autant d'habileté que de bonheur; mais elle souilla sa gloire par la longue captivité et par la mort qu'elle fit subir à Marie Stuart, reine d'Ecosse.

La Suède est sous Vasa ; Sigismond la joignit
A la Pologne où perd l'Autriche son crédit.

(560.)

Comment Vasa, prince suédois, parvint-il

au trône de Suède sous le nom de Gustave I, l'an 1523? S'étant échappé des prisons de Copenhague, où il avoit été renfermé par Christiern II, roi de Danemarck, maître de la Suède, il se mit à la tête des braves de sa nation, et reprit Stockholm; puis, élu roi sous le nom de Gustave I, il acquit à son peuple une grande considération en Europe.

(561.)

Comment Sigismond III, petit-fils de Gustave Vasa, unit-il le royaume de Suède à celui de Pologne? Il fut proclamé roi de Pologne en quinze cent quatre-vingt-sept par la plus grande partie des seigneurs de ce royaume, à l'exclusion de Maximilien d'Autriche, qui n'avoit eu sa faveur qu'un petit nombre de Polonois; et, en quinze cent quatre-vingt-quatorze, il eut la couronne de Suède par la mort de son père Jean III.

Par Suderman la Suède à Sigismond ravie.
Le Danois de Luther suit la secte établie.

(562.)

Comment Charles, prince de Sudermanie et oncle de Sigismond III, enleva-t-il le royaume de Suède à son neveu? Zélé protestant, il n'eut pas de peine à indisposer les Suédois contre Sigismond, zélé catholique, et à se faire reconnoître roi de Suède.

(563.)

Sous quel roi les Danois embrassèrent-ils la secte de Luther? Sous Christiern III, qui se fit couronner à la manière des Luthériens, dont les principes avoient déjà commencé à s'introduire dans ses états dès l'année quinze cent trente-six, sous le règne de son père Frédéric I.

(564.)

Quels furent les principaux ordres religieux établis dans l'Eglise pendant le seizième siècle? Les *Théatins*, établis par saint Gaëtan de Théate, qui leur proposa de ne vivre que des offrandes apportées par les fidèles; les *Capucins*, réformés de l'ordre de saint François, par Mathieu de Bassy, qui leur donna une espèce particuliere de capuchon; les *Barnabites*, rassemblés par deux Italiens, Ferrari et Morigia, sous la protection de saint Barnabé et de saint Paul; les *Jésuites*, par saint Ignace de Loyola, Espagnol, qui forma le vaste plan d'assurer à la jeunesse des instituteurs habiles, et de pourvoir la société de ministres évangéliques; les *Prêtres de l'Oratoire*, par saint Philippe de Néri, Florentin, qui donna à ses prêtres, pour fonction principale, celle de faire tous les jours des instructions chrétiennes dans leur oratoire ou église.

XVIIe SIÈCLE APRÈS JÉSUS-CHRIST.

DEPUIS L'AN 1600 JUSQU'A L'AN 1700.

(*Case 30 du Tableau.*)

Mathias. Ferdinand deux, an dix-sept, qui se plaint
Des maux qui lui sont faits par Gustave et Walstein.

(565.)

Dans quelle situation difficile se trouva Mathias, empereur d'Allemagne? Ce fils de Maximilien II, et successeur de Rodolphe II son frère, l'an seize cent douze, vit commencer contre les Protestants de Bohême une guerre qui désola l'Allemagne pendant trente ans, et qui ne fut terminée qu'à la paix de Westphalie, après dix ans de négociations.

(566.)

Quelles contrariétés eut à souffrir l'empereur Ferdinand II, successeur de Mathias, l'an 1619? Il fut obligé de combattre les révoltés de Bohême et ceux de Hongrie; ensuite Gustave Adolphe, roi de Suède et protecteur des Protestants d'Allemagne, et enfin l'ambitieux Walstein, né en Bohême et duc de Friedland, qui, voulant attacher l'armée à sa personne, cherchoit à se rendre indépendant de l'empereur son maître.

(567.)

Par quel événement l'Allemagne, menacée d'une perte prochaine sous l'empereur Ferdinand II, fut-elle sauvée l'an 1632 ? Par la mort d'un ennemi puissant, le fameux Gustave Adolphe, roi de Suède, qui, après avoir remporté une grande victoire sur Walstein dans la plaine de Lützen, fut tué dans le même combat.

Ferdinand. Léopold son fils, près de périr
Par les Turcs, de la France a su se garantir.

(568.)

Quels ennemis eut à combattre Ferdinand III, fils et successeur de Ferdinand II, l'an 1637? Ce furent les Suédois, sous la conduite de Bernard de Saxe, duc de Weimar, formé à l'école de Gustave Adolphe; et les François, conduits d'abord par le duc d'Enghien, appelé le *Grand Condé*, vainqueur à la bataille de Nortlingue, ensuite par le fameux Turenne.

(569.)

Quel traité de paix mit fin, l'an 1768, à la guerre de trente ans? La fameuse paix, dite de Westphalie, conclue entre l'empereur, le roi de Suède et la France.

(570.)

Comment Léopold I, fils et successeur de Ferdinand III, fut-il sur le point de perdre ses états, l'an 1683? Les Turcs, appelés par les révoltés de Hongrie, fondirent sur l'Autriche avec une armée de deux cent quarante mille hommes, mirent le siége devant Vienne, et auroient effectué la ruine de l'empire sans la valeur de Sobieski, roi de Pologne, qui les mit en fuite, et prit sur eux l'étendard de Mahomet.

(571.)

Comment Léopold I sut-il se garantir du pouvoir de la France, sous le règne de Louis XIV? Ce fut surtout par son adresse à intéresser tous le corps germanique, et à faire déclarer guerres de l'empire toutes les guerres particulières qu'il eut à soutenir.

Portugal séparé. L'Espagne fait la guerre;
Puis reçoit un François;

(572.)

Par quelle révolution le Portugal fut-il séparé du royaume d'Espagne sous Philippe IV, l'an 1640? Les Portugais, à cause de leur antipathie contre les Castillans, tramèrent une conspiration avec un secret inviolable, chassèrent les Espagnols, et mirent sur le trône Jean de Bragance.

(573.)

Comment l'Espagne, pendant long-temps ennemie des François, eut-elle pour roi un prince de la maison de France, l'an 1700? Philippe V, auparavant duc d'Anjou, fut appelé à la couronne d'Espagne par le testament de Charles II, et par sa qualité de petit-fils de la sœur aînée de ce monarque.

L'Écosse à l'Angleterre
Sous Jacques se joignit; son fils fut condamné.
Charles deux. Jacques deux. Nassau fut couronné.

(574.)

Comment l'Ecosse se joignit-elle à l'Angleterre dans la personne de Jacques I, l'an 1603? Jacques Stuart, qui avoit eu le royaume l'Ecosse de Marie Stuart sa mère, succéda en

Angleterre à la reine Elisabeth sa cousine, qui l'avoit nommé son successeur.

(575.)

Comment Charles I, fils de Jacques I, fut-il condamné à mort par ses propres sujets, l'an 1649? Ce prince, naturellement indulgent, ayant pardonné quelques soulèvements excités en Écosse par la politique du cardinal de Richelieu, indisposa contre lui les parlements d'Angleterre, qui, à l'instigation de Cromwell, déclarèrent la guerre à leur roi, le condamnèrent comme ennemi de la patrie, et le firent exécuter par des hommes masqués.

(576.)

Comment Charles II, fils de l'infortuné Charles I, remonta-t-il sur le trône d'Angleterre, l'an 1658? Par le zèle et la prudence du fameux Monck, gouverneur d'Ecosse, qui, devenu maître absolu du parlement après la mort du protecteur Cromwell, réussit à faire placer sur le trône d'Angleterre l'héritier légitime, retiré en France auprès de sa mère Henriette, fille de Henri IV.

(577.)

Pourquoi Jacques II, fils et successeur de Charles II, à peine monté sur le trône, per-

dit-il ses états? Attaché à la religion catholique, et brûlant du zèle de la répandre, il révoqua la loi du Test, par laquelle on abjuroit le dogme de la présence réelle de Jésus-Christ dans l'Eucharistie; et, par ce moyen, il aigrit ses sujets protestants, qui le déclarèrent déchu de la couronne.

(578.)

Quel roi se choisirent les Anglois après avoir détrôné Jacques II, l'an 1688? Ils appelèrent Guillaume de Nassau, de la communion protestante, prince d'Orange, stathouder de Hollande, et gendre de Jacques II.

(579.)

Que devint l'infortuné Jacques II? Forcé d'abord de recevoir les ordres de sa fille et de son gendre dans son propre royaume, il en fut chassé ensuite, et se réfugia en France.

Le pieux Casimir la Pologne quitta.
Sobieski les Turcs devant Vienne chassa.

(580.)

Pourquoi Casimir V, fils de Sigismond III, roi de Pologne, abdiqua-t-il sa couronne l'an 1667? Ayant été d'abord jésuite, et conservant du goût pour la vie religieuse, il se retira à Paris dans l'abbaye de Saint-Germain-des-Prés, que Louis XIV lui donna avec une pension convenable; il passa depuis à Nevers, où il finit ses jours.

(581.)

Quelle victoire signalée remporta le roi de Pologne Jean III Sobieski, l'an 1683? Ce prince, l'un des plus grands guerriers du dix-septième siècle, avec une poignée de soldats, fit lever le siége de Vienne à une armée de plus de deux cent mille Turcs, qu'il battit et mit en déroute.

Gustave dit le Grand effraie les Germains;
Son génie guerrier étonne les humains.

(582.)

Comment Gustave Adolphe II, dit le Grand, fils et successeur de Charles IX, roi de Suède, fit-il trembler l'Allemagne, l'an 1631? Ce prince, après avoir fait la guerre avec succès au Danemarck, à la Russie et à la Pologne, qui l'avoient attaqué en même temps, fit alliance avec les Protestants d'Allemagne contre la ligue catholique dont l'empereur étoit chef, et parcourut en vainqueur, dans l'espace d'environ deux ans, les deux tiers de l'Allemagne, depuis la Vistule jusqu'au Danube et au Rhin.

(583.)

A quoi Gustave Adolphe dut-il ses étonnants succès? A son génie, qui lui fit introduire dans son armée un ordre et des manœuvres inconnues avant lui.

(584.)

Comment finit Gustave Adolphe, l'an 1632? A la fameuse bataille contre Walstein, général de l'empereur, dans la grande plaine de Lutzen, où son corps fut trouvé parmi les morts, percé de deux balles et de deux coups d'épée.

Christine offre partout un esprit peu constant.
Le Danois Christiern est chef du Protestant.

(585.)

Comment Christine I parvint-elle au trône de Suède, l'an 1632? Elle succéda à son père Gustave Adolphe le Grand, qui, espérant beaucoup de cette jeune princesse, la destinoit à être guerrière et conquérante, mais qui mourut trop tôt pour voir ses espérances réalisées.

(586.)

Dans quelle circonstance Christine I, reine de Suède, abdiqua-t-elle le royaume l'an 1634? Au moment où elle donnoit à la

Suède les plus belles espérances, par le zèle éclairé avec lequel elle avoit conduit à son issue le traité de Westphalie et pacifié l'Allemagne, elle abdiqua le royaume en faveur de Charles Gustave, son cousin-germain, pour se livrer à la philosophie et aux beaux-arts, disant que « le Parnasse valoit mieux que le trône. »

(587.)

En quoi Christine I fit-elle voir son caractère inconstant après avoir abdiqué le trône? Cette princesse, dont l'esprit fut admiré par Grotius, Bochart et Descartes, ne put se fixer nulle part : elle voyagea en diverses contrées de l'Europe, voulut passer en Angleterre, où Cromwell se montroit peu disposé à la recevoir, abjura le protestantisme en Flandre, vint s'ennuyer à Paris; et, projetant toujours de retourner en Suède, elle finit ses jours à Rome, âgée de soixante-trois ans.

(588.)

Pourquoi Christiern IV, roi de Danemarck, fut-il élu chef de la ligue des Protestants en Allemagne, l'an 1625? Il le fut pour porter au trône de Bohême le prince protestant Frédéric V, électeur palatin, en la place de l'empereur Ferdinand II, qui, malgré tous les efforts de la ligue, en demeura enfin possesseur, à cause des victoires éclatantes de son fameux général Tilli.

(589.)

Quelles communautés se sont établies dans l'Eglise pendant le dix-septième siècle ? 1° Les Ursulines; 2° l'ordre des filles de la Visitation, fondé par saint François de Sales, évêque et prince de Genève; 3° la congrégation des prêtres de l'Oratoire de France, instituée par le cardinal de Bérulle d'après celle de saint Philippe de Néri en Italie.

XVIIIe SIÈCLE APRÈS JÉSUS-CHRIST.

DEPUIS L'AN 1700 JUSQU'A L'AN 1800.

(*Case* 31 *du Tableau.*)

Charles six. Charles sept. François vient après lui.
Joseph deux. Léopold. François deux et son fils.

(590.)

De quelle famille illustre Charles VI fut-il le dernier rejeton en Allemagne ? Ce prince, fils et successeur de Léopold l'an mil sept cent onze, fut le seizième et dernier empereur de la maison d'Autriche ou d'Hapsbourg.

(591.)

Quelles pertes considérables fit l'empereur Charles VI? Après avoir acquis, par un traité de paix en mil sept cent quatorze, les royaumes de Naples et de Sardaigne, les Pays-Bas, les duchés de Milan et de Mantoue, il perdit presque tous ses états. Don Carlos, fils de Philippe V, roi d'Espagne, se rendit maître du royaume de Naples et de Sicile; le roi de Sardaigne prit Tortone, Novare, etc.

(592.)

Que gagna la France sur l'empereur Charles VI, l'an 1735? Elle se mit en possession de la Lorraine et du duché de Bar, reversibles sur elle après la mort de Stanislas, roi de Pologne, à qui l'empereur avoit été obligé de les céder à cette condition.

(593.)

Que gagnèrent les Ottomans sur le malheureux Charles VI, l'an 1739? Enhardis par la mort du fameux prince Eugène, généralissime des armées de l'empereur, ils se firent céder la Valachie impériale, la Servie, et Belgrade.

(594.)

Qui succéda, en 1741, *dans les états hé-*

réditaires de l'empereur Charles VI? Ce fut Marie-Thérèse, fille et héritière de ce monarque, reine de Hongrie et de Bohême, et mariée à François I, auparavant duc de Lorraine, puis grand-duc de Toscane.

(595.)

Quelle guerre eut à soutenir Marie-Thérèse? Celle appelée de la *succession d'Autriche*, contre le roi de Prusse, l'électeur de Bavière, le roi de Pologne et le roi d'Espagne, qui tous prétendoient avoir des droits à l'héritage de Charles VI, et qui, de concert avec la France, s'emparèrent d'une grande partie de la Silésie, de la Bohême, de la Moravie et de l'Autriche.

(596.)

Que fit Marie-Thérèse après avoir perdu une grande partie de ses états héréditaires? Ne pouvant se défendre contre tous ses ennemis, elle céda la Silésie au roi de Prusse pour pouvoir attaquer ses autres ennemis; et, avec les secours de l'Angleterre, de la Hollande et de la Sardaigne, elle reprit peu à peu sa supériorité en Allemagne et en Italie.

(597.)

Comment Charles VII, électeur de Bavière, parvint-il à l'empire, l'an 1742? Ce prince fut couronné empereur par les armées de Louis XIV, sous le commandement du maréchal de Saxe, pendant les guerres de la succession d'Autriche; mais il éprouva ensuite de cruels revers, et eut à peine un lieu de sûreté et de repos en Europe.

(598.)

Que fit François I, époux de la reine Marie-Thérèse, parvenu à l'empire après la mort de Charles VII, l'an 1745? Il continua la guerre de la succession d'Autriche avec différents succès, jusqu'à la paix générale signée à Aix-la-Chapelle.

(599.)

Par quel droit Joseph II obtint-il l'empire et la couronne de Hongrie, de Bohême etc., l'an 1765? Ce prince, fils de François I, fut appelé à lui succéder par les électeurs de l'empire; et, après la mort de sa mère Marie-Thérèse, l'an mil sept cent quatre-vingt, avec laquelle il avoit partagé la régence, il devint seul maître de tous les états héréditaires.

(600.)

Qui succéda à l'empereur Joseph II, mort l'an 1790? Ce fut son frère l'archiduc Léopold II, grand-duc de Toscane, où il avoit acquis la réputation d'une haute sagesse.

(601.)

Qui succéda à Léopold II, mort en 1792, *après s'être mis à la tête d'une coalition contre la France?* Ce fut François II son fils, aujourd'hui régnant, mais qui, regardant l'empire d'Allemagne comme éteint par la confédération du Rhin, a pris depuis le titre d'empereur d'Autriche, sous le nom de François I.

De Brandeboug la tige au rang des rois se place.
Le czar Pierre affoiblit tout pouvoir qui menace.

(602.)

Comment Frédéric I, électeur de Brandebourg, eut-il le titre de roi de Prusse, l'an 1700? Ce prince, qui n'avoit pu obtenir de l'empereur Léopold I qu'on reconnût la Prusse pour un duché séculier, en obtint le titre de roi en lui promettant, ainsi qu'à l'Angleterre et à la Hollande, de les servir dans leur guerre contre la France.

(603.)

Comment Pierre le Grand, czar de Moscovie, commença-t-il à acquérir en Russie une autorité inconnue à ses prédécesseurs? Ce fut en affoiblissant avec adresse et à propos tout pouvoir qui tendoit à s'opposer à ses grands desseins : ainsi, à l'occasion d'une révolte des strélitz, troupes insubordonnées telles que celles des janissaires en Turquie, il les décima, en envoya un grand nombre en Sibérie, et détruisit presque entièrement leur corps.

(604.)

Quel acte d'autorité exerça Pierre le Grand sur le clergé de ses états? A la mort du grand patriarche de Russie, arrivée l'an mil sept cent trois, il supprima la dignité de ces prélats, qui, forts de l'opinion et de leur crédit, avoient souvent balancé l'autorité civile.

(605.)

En quoi le czar Pierre, nommé Pierre le Grand, montra-t-il ses talents guerriers? D'un côté, il réforma l'art militaire que Charles XII, disoit-il, lui avoit enseigné à force de défaites, et dont il profita ensuite pour affoiblir les Suédois eux-mêmes; d'un autre côté, il créa une marine importante à Pétersbourg, qu'il avoit fondée, après avoir servi quelque temps comme simple constructeur à Saardam en Hollande.

(606.)

En quoi Pierre le Grand montra-t-il ses talents comme législateur? Il adoucit les mœurs de ses sujets, à demi barbares, en les faisant voyager dans les grandes villes de l'Europe, comme il avoit voyagé lui-même; et il fit fleurir dans ses états les sciences, les arts et les manufactures, en y appelant de toutes parts des savants et des artistes étrangers.

Font la guerre en héros Malborough et Eugène.
Charles douze, en fureur, chez l'Ottoman se traîne.

(607.)

Quels exploits firent ensemble, l'an 1704, *le fameux duc de Marlborough et le prince Eugène de Savoie?* Le duc de Marlborough, général anglois, et le prince Eugène, commandant les troupes de l'Empire contre la France et la Bavière, portèrent les armes vers les bords du Danube, où ils gagnèrent sur leurs ennemis la fameuse bataille d'Hochstedt ou de Blenheim, qui eut les suites les plus désastreuses pour les François et les Bavarois.

(608.)

Pourquoi Charles XII, qui avoit étonné le monde par ses succès militaires, se vit-il obligé d'aller chercher son salut chez les Turcs, l'an 1709? C'est parce que ce roi, ne mettant aucune borne à son ardeur guerrière et à son animosité contre la Russie, exposa trop ses troupes, et fut si complétement défait près de Pultawa par l'armée de Pierre le Grand, qu'il ne sut plus où se retirer.

La Sardaigne eut un roi, le Russe un empereur.
Le prétendant Stuart met l'Écosse en rumeur.

(609.)

Comment Victor Amédée, duc de Savoie, obtint-il le titre de roi de Sardaigne vers le même temps où Pierre le Grand fut fait empereur? En ajoutant à ses autres possessions d'Italie la Sardaigne, il prit le titre de roi de cette île l'an mil sept cent dix-huit, c'est-à-dire trois ans avant que Pierre le Grand eût celui d'empereur de Russie, que les états lui déférèrent.

(610.)

Comment Charles-Édouard Stuart, petit-fils de Jacques II roi d'Angleterre, connu sous le nom de Prétendant, fut-il la cause d'une grande fermentation en Ecosse, l'an 1745? Ce prince, voulant remonter sur le trône de ses pères, passa en Ecosse, se mit à la tête d'un parti de ses sujets fidèles, obtint d'abord quelque succès; mais, étant défait depuis à Culloden par les troupes de Georges II, il eut à peine le moyen de se sauver, à travers mille dangers, pour passer en France, et ensuite en Italie, où il mourut l'an mil sept cent quatre-vingt-huit.

Après plusieurs combats, le vaillant Kouli-Kan
S'empare du Mogol, et se fait roi Persan.

(611.)

Comment le tartare Persan Schah-Nadir, appelé dans la suite Kouli-Kan, *s'illustra-t-il par ses exploits, l'an* 1736? Au milieu des troubles qui agitoient la Perse, il s'en fit proclamer roi, reprit sur les Turcs les provinces qu'ils en avoient enlevées, et joignit aux anciens états de cette monarchie plusieurs provinces du Mogol.

Par Gustave troisième est la Suède affermie.
Stanislas en Lorraine est fixé pour la vie.

(612.)

Comment Gustave III, roi de Suède, affermit-il la puissance royale dans son pays sans la rendre illimitée, l'an 1743? Ce prince, formé par le comte de Tessin, grand homme d'état, enleva au sénat l'autorité excessive que ce corps s'attribuoit dans le gouvernement, étouffa toutes les factions qui agitoient les différents ordres de l'état, et qui menaçoient de l'anéantir.

(613.)

Quelles circonstances fixèrent Stanislas Leczinski, pour le reste de ses jours, dans la Lorraine, l'an 1743? Ce prince malheureux, ne pouvant plus remonter sur le trône des Polonois qu'occupoit Auguste III, électeur de Saxe, son compétiteur, fut obligé de se contenter du simple titre de roi de Pologne et de la jouissance des duchés de Lorraine et de Bar, que la France obtint pour lui, et en survivance pour elle-même.

Catherine seconde au rang des grands se place ;
Mais Frédéric second à Rosbach la surpasse.

(614.)

Pourquoi Catherine II, veuve de l'empereur de Russie Pierre III, l'an 1762, mérita-t-elle ensuite d'être placée à côté des plus grands souverains? Par ses grandes qualités, qui lui ont fait porter la Russie à un très haut degré de gloire et de puissance en Europe, et qui l'ont rendue elle-même d'autant plus grande qu'elle refusa ce titre lorsque ses sujets voulurent le lui donner.

(615.)

Comment Frédéric II, roi de Prusse, se montra-t-il encore plus grand que Catherine II? Parce qu'il sut rendre inutiles les efforts que firent contre lui la Russie, l'empire d'Allemagne, la maison d'Autriche, la Saxe, la Suède et la France, et qu'il se montra le plus grand capitaine de son siècle, surtout à la bataille de Rosbach, sur les frontières de la Saxe, où, par la discipline de ses troupes et par la supériorité de ses manœuvres, il mit en fuite les forces réunies de la France et de l'Autriche.

Sous Poniatowski la Pologne on divise;
A trois princes voisins elle est enfin soumise.

(616.)

Par quel moyen fut effectué le premier demembrement partiel de la Pologne sous le roi Stanislas II, ancien comte de Poniatowski l'an 1772? L'impératrice reine Marie-Thérèse, la grande Catherine impératrice de Russie, et Frédéric II roi de Prusse, après avoir obligé les Polonois à réformer leur constitution, sous prétexte qu'elle étoit vicieuse, finirent par s'emparer de plusieurs des provinces de cet état qui étoient à leur convenance.

(617.)

Comment la Pologne fut-elle démembrée tout-à-fait, l'an 1795 ? L'Autriche, la Russie et la Prusse, qui avoient déjà enlevé à la Pologne une partie de ses provinces, désapprouvant hautement la nouvelle constitution que la Pologne s'étoit donnée, entrèrent en force dans ce royaume, le déclarèrent effacé du rang des monarchies, et s'en partagèrent entre eux tous les débris.

(618.)

Quels évènements remarquables se passèrent dans l'Amérique septentrionale en 1775? Les colonies angloises de l'Amérique septentrionale se soulevèrent contre l'Angleterre, et sous la conduite de Washington, battu d'abord, ensuite victorieux, parvinrent à conquérir la liberté. L'Angleterre reconnut leur indépendance en 1782. Les provinces libres, d'abord au nombre de treize, et par suite de vingt-quatre, prirent la dénomination d'États-Unis.

(619.)

De quelle constitution fameuse Clément XI fut-il auteur au commencement du dix-huitième siècle? l'an 1713? De la bulle ou constitution *Unigenitus*, portant condamnation de cent une propositions extraites des *réflexions* du père Quesnel sur *le nouveau-Testament.* Plusieurs parlements et évêques françois, ainsi que les membres de la célèbre école de Port-Royal, appelèrent de cette bulle à un futur concile général.

(620.)

Quelle fut la fin de l'ordre des Jésuites, l'an 1773? Cet ordre fut supprimé par le pape Clément XIV, à la demande des princes de la famille de Bourbon et du roi de Portugal, qui les avoient déjà expulsés de leurs états quelques années auparavant.

Leibnitz, Newton et Cook. Linnée étend sa science. Lavoisier, Montgolfier, Chappe, inventeurs en France.

(621.)

Qui fut Leibnitz ? Leibnitz, né à Leipzig, fit d'importantes découvertes dans les mathématiques, publia un grand nombre d'écrits savants sur presque tous les genres de littérature, et mourut l'an mil sept cent seize, en discutant des matières de chimie.

(622.)

En quelle science se distingua l'anglais Isaac Newton? Il découvrit l'important phénomène de la gravitation universelle, expliqua les effets de la lumière et l'origine des couleurs, après en avoir puisé les premières idées dans les écrits de Descartes et de Kepler. Il mourut de la pierre en mil sept cent vingt-sept, âgé de quatre-vingt-cinq ans.

(623.)

Quel service rendit le capitaine Cook, fameux navigateur anglois? Il voyagea plusieurs fois dans la mer Pacifique et autour du monde, où il fit plusieurs découvertes utiles; il fut tué, l'an mil sept cent quatre-vingt, par un des habitants des îles Sandwich, en voulant apaiser une querelle qui s'étoit élevée entre eux et les gens de son équipage.

(624.)

Dans quelle science se distingua Linné, fondateur de l'académie de Stockholm, et mort en l'an 1778? Il réforma l'ancienne méthode de botanique, et en substitua une nouvelle contenant la division des plantes en vingt-quatre classes, sous lesquelles se rangent aisément toutes les autres, soit par genre, soit par espèce.

(625.)

Quel progrès fit faire à la chimie Lavoisier, membre de l'académie des sciences de Paris? Il parvint à composer et recomposer deux éléments regardés jusqu'à lui comme simples, l'air et l'eau, et donna le procédé d'obtenir de l'eau avec de l'air.

(626.)

Quelle nouvelle idée doit-on à Montgolfier, l'an 1783? Celle des aérostats ou ballons aériens, dont plusieurs expériences, couronnées de succès, ont été regardées comme un premier pas que les hommes ont fait vers une région où il y a tant de choses à observer.

(627.)

Quelle nouvelle construction inventa Chappe, l'an 1796? Celle du télégraphe, dont l'usage, adopté par les gouvernements de l'Europe les plus éclairés, a résolu un grand problème, celui de faire correspondre entre eux, dans peu de minutes et à une très grande distance, les habitants d'un vaste empire ou de différents états.

FIN DE L'HISTOIRE MODERNE.

TABLE
DES EMPEREURS
DEPUIS J.-C. JUSQU'A NOUS.

Empereurs qui ont gouverné l'empire Romain avant sa division.

(*Premier Siècle.*)

AUGUSTE . . . . . .
14 Tibère . . . .
37 Caligula . . . . . .
41 Claude . . . .
54 Néron. . . . .
68 Galba. . . . .
69 Othon. . . . .
— Vitellius . . . .
— Vespasien. . . . . .
70 Titus . . . .
81 Domitien . . . . . .
96 Nerva. . . . .
98 Trajan . . . .

(*Second Siècle.*)

117 Adrien . . . .
138 Antonin . . . . . .
161 Marc-Aurèle . . . .
— Lucius Vérus . . . .
180 Commode. . . . . .
193 Helvius Pertinax . .
— Didius Julianus. . .
— Sévère . . . .

(*Troisième Siècle.*)

211 Caracalla. . . . . .
217 Macrin et son fils . .
218 Héliogabale. . . . .
222 Alexandre Sévère. .
236 Maximin et son fils.
238 Pupiénus et Balbin.
— Gordien III . . . .
244 Philippe et son fils.
249 Dece et son fils . . .
251 Gallus et son fils . .
254 Valérien . . . . . .
259 Gallien fils . . . . .
268 Claude II. . . . . .
270 Aurélien . . . . . .
275 Tacite et Florien . .
276 Probus . . . .
282 Carus et ses fils . . .
— Numérien fils. . . .
284 Dioclétien. . . . . .

(*Quatrième Siècle.*)

304 Constance Chlore . .
306 Constantin-le-Grand.
337 { Constance, Constantin II le Jeune, Constant.
361 Julien l'Apostat. . .
363 Jovien. . . . .

364 Valentin et Valens .	383 Valentinien II . . .
375 Gratien fils	392 Théodose-le-Grand .

Empereurs qui ont gouverné l'empire Romain après sa division en empire d'Orient et en empire d'Occident.

EMPIRE D'ORIENT.	EMPIRE D'OCCIDENT.
395 Arcadius	395 Honorius . . . . . .
(*Cinquième Siècle.*)	(*Cinquième siècle.*)
408 Théodose le Jeune. .	425 Valentinien III. . .
450 Marcien.	455 Maxime et Avitus. .
457 Léon I	457 Majorien . . . . . .
. . . .	461 Sévère. . . . .
. . . .	465 *Interrègne* . . . . .
. . . .	467 Anthimius . . . . .
. . . .	472 Olybrius. . . . . . .
. . . .	473 Glycerius. . . . . .
Zénon.	474 Julius Nepos . . . .
. . . .	475 Augustule. . . . . .
	ROIS D'ITALIE.
. . . .	476 Odoacre. . . . . . .
494 Anastase I	493 Théodoric. . . . . .
(*Sixième Siècle.*)	(*Sixième Siècle.*)
518 Justin I.	526 Athalaric . . . . . .
527 Justinien I	534 Hildébalde . . . . .
. . . .	541 Totila. . . . .
566 Justin II	. . . .
578 Tibère II	. . . .
582 Maurice.	. . . .
(*Septième Siècle.*)	(*Septième Siècle.*)
602 Phocas	. . . .
610 Héraclius	. . . .
641 Hérácl. Constantin.	. . . .

EMPIRE D'ORIENT.	EMPIRE D'OCCIDENT.
641 Constant	. . . .
668 Constantin III Pogonat.	. . . .
685 Justinien II.	. . . .
695 Léonce	. . . .
698 Absimare.	. . . .
(*Huitième Siècle.*)	(*Huitième Siècle.*)
705 Justinien, *rétabli*. .	. . . .
711 Philipp. Bardanes. .	. . . .
713 Anastase II.	. . . .
715 Théodose III	. . . .
717 Léon Isaurique . . .	. . . .
741 Constantin IV Copronyme	. . . .
775 Léon IV.	. . . .
778 Constantin V. . . .	800 Charlemagne. . . .
(*Neuvième Siècle.*)	(*Neuvième Siècle.*)
802 Nicéph. Logothète. .	. . . .
811 Michel Curopalate.	. . . .
813 Léon V l'Arménien.	814 Louis le Débonnre.
820 Michel le Bègue. . .	. . . .
829 Théophile.	840 Lothaire . . . . . .
842 Michel III	855 Louis II . . . . . .
867 Bas. le Macédonien.	873 Charles le Chauve.
. . . .	881 Charles le Gros. . .
886 Léon IV	. . . .
. . . .	887 Arnoul. . . . . . .
. . . .	899 Louis III . . . . . .
(*Dixième Siècle.*)	(*Dixième Siècle.*)
912 Constantin Porphyrogénète	912 Conrad. . . . . . .
959 Romain le Jeune. .	919 Henri l'Oiseleur . .
. . . .	936 Othon I. . . . . . .
963 Nicéphore Phocas. .	. . . .

EMPIRE D'ORIENT.	EMPIRE D'OCCIDENT.
969 Jean Zimiscès. . . .	973 Othon II. . . . . .
— Basile II.	. . . .
975 Constant le Jeune. .	983 Othon III. . . . . .
(Onzième Siècle.)	*(Onzième Siècle.)*
. . . .	1002 Henri II. . . . . .
1028 Zoé	1024 Conrad le Salique.
1028 Romain Argyre. .	. . . .
1034 Michel le Paphlagonien	1039 Henri III. . . . .
1041 Michel V Calafata.	. . . .
1042 Constantin Monomamaque. . . .	. . . .
1054 Théodora	. . . .
1056 M. VI Stratiotique.	1056 Henri IV. . . . .
1057 Isaac Comnène. .	. . . .
1059 Constantin Ducas.	. . . .
1068 Romain Diogène. .	. . . .
1071 Michel Parapinaçe.	. . . .
1078 Nicéph. Botoniate.	. . . .
1081 Alexis Comnène. .	. . . .
(Douzième Siècle.)	*(Douzième Siècle.)*
. . . .	1106 Henri V . . . . .
1118 Jean Comnène. . .	1125 Lothaire II. . . .
1143 Manuel Commène.	1139 Conrad III . . . .
. . . .	1152 Fréd. Barberousse.
1180 Alexis Comnène II.	. . . .
1183 Andron. Comnène.	. . . .
1185 Isaac Ange.	1190 Henri VI. . . . .
1195 Alexis Ange. . . .	1198 Philippe. . . . . .
(Treizième Siècle.)	*(Treizième Siècle.)*
1203 Al. Ange le Jeune.	. . . .
1204 A. Ducas Mursufle.	. . . .
—— Baud. de Flandre.	. . . .
1206 Henri	1208 Othon IV. . . . .

EMPIRE D'OCIENT.	EMPIRE D'OCCIDENT.
1217 Pierre de Courtenai.	1218 Frédéric II . . . .
224 Robert.	. . . .
239 Baudouin.	1246 Henri VII. . . . .
. . . .	1248 Guillaume . . . .
1257 Michel Paléologue.	1257 { Richard d'Anglet. Alphonse X. . .
1283 Andr. Paléologue.	1273 Rod. de Hapsbourg.
. . . .	1292 Adolphe de Nassau.
. . . .	1298 Albert d'Autriche.
(*Quatorzième Siècle.*)	(*Quatorzième Siècle.*)
. . . .	1308 Henri VIII de Lux.
1328 Andronic III Paléologue.	1314 { Frédéric III. . . Louis IV de Bav.
1345 Jean Cantacuzène.	1346 Charles IV . . . .
1355 Jean VI Paléologue.	1378 Wenceslas. . . . .
1390 Manuel Paléologue.	1400 Robert. . . . . . .
(*Quinzième Siècle.*)	(*Quinzième Siècle.*)
. . . .	1410 Sigismond. . . . .
1425 Jean VII Paléolog.	1438 Albert II. . . . .
1448 Constant. Dragasès.	1440 Frédéric III ou IV.

(*C'est ici que finit l'empire Romain Grec, par l'invasion des Turcs en 1452.*)

Empereurs qui ont gouverné l'empire d'Occident ou d'Allemagne, après la prise de Constantinople.

1493 Maximilien	(*Dix-septième Siècle.*)
(*Seizième Siècle.*)	
1519 Charles V.	1616 Mathias . . . . . .
1558 Ferdinand I. . . .	1619 Ferdinand II. . .
1567 Maximilien II. . .	1637 Ferdinand III. . .
1576 Rodolphe II. . . .	1658 Léopold I. . . . .

(*Dix-huitième Siècle.*)	1745 François I . . . . .
1705 Joseph I.	1765 Joseph II. . . . . .
1711 Charles VI	1791 Léopold II. . . . .
1740 Charles VII. . . .	1792 François II . . . .

N. B. L'Allemagne a cessé de former un seul empire lors de l'établissement de la Confédération du Rhin, en 1806. Cet empire avoit duré 1006 ans, sous le règne de 57 Empereurs. Le dernier, François II, par son acte d'abdication, a pris le titre d'Empereur d'Autriche, et le nom de François I. Les divers peuples de l'Allemagne forment maintenant la *Confédération germanique.*

FIN DE LA TABLE DES EMPEREURS.

TABLEAU CHRONOLOGIQUE DE L'HISTOIRE MODERNE, par L. Gaultier.

(*N. B.* Les faits historiques indiqués, par des vers techniques, dans les cases de ce Tableau, sont expliqués dans le quatrième volume des *Leçons de Chronologie et d'Histoire*.)

(17)

[IV]e SIÈCLE APRÈS JÉSUS-CHRIST,

[De]puis l'an 300, jusqu'à l'an 400.

Histoire Moderne.

[illegible] avec Galerus, Sévère et Maximin.
[illegible] le tyran, Sicile et Constantin.
[illegible], Constantin, Constantin et Constance.
[illegible] seul, défit Magnence et Décence.
[illegible] pour empereurs, lorsqu'en Perse est [illegible]
Julien, Jovien trop tôt mort.
[illegible] et bon, mais colère est Valentinien;
[illegible] frère Valens fut cruel arien.
[illegible], prince doux que Maxime a tué;
[illegible]nien deux, par le même chassé.
[illegible] venges leur mort et leur affront,
[illegible], Arbogaste. On vit sous Stilicon,
[illegible] régner dans l'Occident;
[illegible], sous Rufin, régner dans l'Orient.

(18)

Ve SIÈCLE APRÈS JÉSUS-CHRIST,

Depuis l'an 400, jusqu'à l'an 500.

Histoire Moderne.

Le jeune Théodose et sa sœur Pulchérie
Ont l'Orient, au temps que se perd l'Italie.
Au Goth, au Bourguignon, au Vandale, à l'Alain,
Au Suève, est l'Occident de l'empire Romain.
Le royaume d'Espagne et l'empire François,
En l'an quatre cent vingt. Tient Vergus l'Écossois,
Quand la Grande-Bretagne eut les Anglois-Saxons
Qui fondent leur état en sept divers cantons.
Valentinien trois, effrayé par le bruit
Des Huns sous Attila. Venise se construit.
Règnent en Orient Marcien et Léon;
Anastase est après l'hérétique Zénon.
Augustule de Rome est dernier empereur,
Le roi Théodoric d'Odoacre est vainqueur.

(19)

VIe SIÈCLE APRÈS JÉSUS-CHRIST,

Depuis l'an 500, jusqu'à l'an 600.

Histoire Moderne.

Après cinq [illegible] Justin; puis vint Justinien,
Sous qui le corps du Droit fait par Trébonien.
Bélisaire vainquit le perse Cabades,
Et Gilimer vandale. Un eunuque, Narsès,
Vainc le goth Totila, mais périt par Sophie.
Sous Justin deux, Longin exarque en Italie.
Les Lombards, sous Alboin, y portent la terreur,
Tibère deux choisi par son prédécesseur.
Le [illegible] recouvre l'Andalousie.
Maurice, par Phocas, perd le sceptre et la vie.

(20)

VIIe SIÈCLE APRÈS JÉSUS-CHRIST,

Depuis l'an 600, jusqu'à l'an 700.

Histoire Moderne.

Phocas, l'an six cent dix, succombe à son destin.
Chosroès par son fils eut une triste fin.
Héraclius, vainqueur que Mahomet [illegible].
Fut l'hégire en vingt-deux. Omar conquit la Perse.
Martine fait mourir Constantin de poison;
Pour Constant on la chasse, ainsi qu'Héracléon.
Les Sarrasins entr'eux divisés sous Ali.
Constantin Pogonat est un prince accompli.
L'[illegible] par sa femme étranglé.
Justinien second est pris et mutilé.
Par Léonce qu'enferme Absimare-Tibère.
Doge est le nom du chef que Venise révère.

(21)

VIIIe SIÈCLE APRÈS JÉSUS-CHRIST,

Depuis l'an 700, jusqu'à l'an 800.

Histoire Moderne.

Justinien rentré périt comme Bardane.
Pélage est en Léon, quand le Maure a l'Espagne.
Anastase est avant Théodose second;
Puis vient l'iconoclaste Isaurique Léon.
Copronyme odieux. Léon quatre est sa peine.
Sous Constantin, habile et cruelle est Irène.

(22)

IXe SIÈCLE APRÈS JÉSUS-CHRIST,

Depuis l'an 800, jusqu'à l'an 900.

Histoire Moderne.

Au neuvième, huit Grecs gouvernent l'Orient,
Quand huit princes françois règnent en Occident.
Le Bulgare eut la foi. L'Arabe de Candie,
Puis de Sicile sort, et fond sur l'Italie.
Rois d'Arles, de Bourgogne, ont des états puissans,
Comtes, ducs, souverains, dans les gouvernemens.
Un infâme tribut est par Ramir ôté
En Espagne, où dès lors Barcelonne est comté.
En Navarre, Inigo fut la tige des rois.
Egbert joignit en un cinq royaumes anglois.

(23)

Xe SIÈCLE APRÈS JÉSUS-CHRIST,

Depuis l'an 900, jusqu'à l'an 1000.

Histoire Moderne.

Au dixième, six Grecs empereurs d'Orient;
Cinq princes allemands empereurs d'Occident.
Le Brandebourg, l'Autriche ont leurs premiers marquis.
Herman de Billinge duc en Saxe fut mis.
Marie impératrice est pour crime jugée.
La Savoie en comté pour Bérold érigée.
Saint-Étienne régna le premier des Hongrois.
Boleslas par Othon fut roi des Polonois.
La Castille paroît, la Navarre s'accroît.
Au Danois courroucé l'Anglois paya tribut.

(24)

XIe SIÈCLE APRÈS JÉSUS-CHRIST,

Depuis l'an 1000, jusqu'à l'an 1100.

Histoire Moderne.

L'onzième eut treize Grecs empereurs d'Orient.
Conrad et trois Henris règnent en Occident.
Les Croisades pour chef choisirent Godefroi,
Qui prit Jérusalem, et ensuite en fut roi.
Rodolphe est contre Henri pour le pape et l'Église.
Par Guiscard et Roger la Sicile est conquise.
Le duché de Lorraine à Gérard est donné.
La Bohême, en ce temps, vit son duc couronné.
L'Espagne réunie avoit Sanche le Grand.
L'Aragon eut Ramir, la Castille Fernand.
En Portugal Henri fut comte, et son fils roi.
Du Danois l'Angleterre eut vingt-cinq ans la loi.
Guillaume le bâtard la subjugue et la tient.
En [illegible], Casimir en Pologne revient.

(25)

[XII]e SIÈCLE APRÈS JÉSUS-CHRIST,

[Depu]is l'an 1100 jusqu'à l'an 1200.

Histoire Moderne.

[illegible], six Grecs empereurs d'Orient;
[illegible] allemands sont chefs en Occident.
[illegible] de Chypre, au dome, eut la couronne.
[illegible] le Lion, perd ses états qu'on donne
[illegible] d'Ascanie, à Vitelsbach Othon.
[illegible] et Lunebourg sous Henri le Lion.
[illegible] en Orient,
[illegible] règne à Naple en tyran.
[illegible] l'Espagne unis, sont partagés.
[illegible] de Blois, les Anglois sont rangés.
[illegible] d'Anjou, dont le fils fut puissant.
[illegible] la Gothie, quand Eric est mourant.

(26)

XIIIe SIÈCLE APRÈS JÉSUS-CHRIST,

Depuis l'an 1200 jusqu'à l'an 1300.

Histoire Moderne.

Au treize, cinq Latins, deux Grecs en Orient.
A huit Césars divers est soumis l'Occident.
[illegible] et Trébizonde empires établis.
Les Croisades alors cessent en Saint-Louis.
Rodolphe Hapsbourg unit l'Autriche à sa maison.
Charles d'Anjou à Naple au temps que fut Sorbon.
A Vêpres un carnage est fait de tout François
En Sicile, où régna Pierre l'Aragonois.
L'État républicain de la Suisse se fit.
La boussole sur mer alors s'introduisit.
Baléares, Valence acquis à l'Aragon.
Pour toujours saint Fernand joint Castille et Léon.
La Navarre aux maisons de Champagne et de France.
Jean Sans-Terre mourut quand le siècle commence.

(27)

XIVe SIÈCLE APRÈS JÉSUS-CHRIST,

Depuis l'an 1300, jusqu'à l'an 1400.

Histoire Moderne.

Le quatorzième a quatre empereurs d'Orient.
Pendant que cinq Latins gouvernent l'Occident.
Amurat, Bajazet, que Tamerlan soumit.
Plusieurs principautés en Italie on vit.
Jeanne aux quatre maris à Naple perd la vie
Par Charles de Duras, mis à mort en Hongrie.
Alphonse Castillan vainc les Maures de Fez.
L'Espagne eut Transtamare et trois rois fort mauvais.
Deux rois sont prisonniers du troisième Édouard.
Sa maison se divise. En Écosse est Stuart.
Jagellon, fait chrétien par Hedwig de Hongrie,
En Pologne régnant, joint la Lithuanie.
Marguerite, ayant en trois royaumes du Nord,
Pour Éric son neveu les quitte sans effort.

(28)

XVe SIÈCLE APRÈS JÉSUS-CHRIST,

Depuis l'an 1400, jusqu'à l'an 1500.

Histoire Moderne.

Au 15e ont deux Grecs et deux Turcs l'Orient.
Quatre princes Germains possèdent l'Occident.
Savoie et Ferrare ont leurs formés en duché.
Le grand art d'imprimer par Guttemberg créé.
Chypre, par Jacques prise, à Venise resta.
En Perse Usum-Cassan. Son petit-fils régna.
Misnie et Nuremberg furent faits électeurs
De Saxe et Brandebourg, eux et leurs successeurs.
Aragon puis Anjou sont à Naple adoptés.
Corvin et Scanderberg sont des Turcs redoutés.
Les États de l'Espagne unis en Ferdinand,
Dont l'habile Colomb au loin le règne étend.
Quatre Jacques d'Écosse. York et Lancastre unis.
Par rois et gouverneurs les Suédois affoiblis.

(29)

XVIe SIÈCLE APRÈS JÉSUS-CHRIST,

Depuis l'an 1500, jusqu'à l'an 1600.

Histoire Moderne.

Charles-Quint. Ferdinand joint Bohême et Hongrie.
Maximilien. Rodolphe a la guerre en Turquie.
Florence et puis Toscane ont leurs ducs Médicis.
Et Gonzague. Paul trois donne Parme à son fils.
Soliman prend Belgrade et Rhodes sur Villiers,
Manque Vienne, et puis Malte où sont les chevaliers.
D'Est eut le Modenois, Jules deux prit Ferrare.
Philippe, par son droit, du Portugal s'empare;
Puis perd les Pays-Bas: Nassau s'y fait un nom.
Chypre vient à Sélim: Lépante en fait raison.
L'inconstant Henri huit, divorce et schisme fit.
Édouard, Jeanne, Marie, Élisabeth on vit.
La Suède fut sous Vasa; Sigismond la joignit
A la Pologne, où perd l'Autriche son crédit.
Par Sudermanie la Suède à Sigismond ravie.
Le Danois de Luther suit la secte établie.

(30)

XVIIe SIÈCLE APRÈS JÉSUS-CHRIST,

Depuis l'an 1600, jusqu'à l'an 1700.

Histoire Moderne.

Mathias. Ferdinand deux, au dix-sept, qui se plaint
Des maux qui lui sont faits par Gustave et Walstein.
Ferdinand. Léopold, son fils, près de périr,
Par les Turcs, de la France a su se garantir.
Portugal séparé. L'Espagne fait la guerre;
Puis reçoit un François. L'Écosse à l'Angleterre
Sous Jacques se joignit. Son fils fut condamné.
Charles deux. Jacques deux. Nassau fut couronné.
Le pieux Casimir la Pologne quitta.
Sobiesky les Turcs devant Vienne chassa.
Gustave dit le Grand effraye les Germains;
Son génie guerrier étonne les humains.
Christine offre partout un esprit peu constant.
Le Danois Christiern est chef du Protestant.

(31)

XVIIIe SIÈCLE APRÈS JÉSUS-CHRIST,

Depuis l'an 1700, jusqu'à l'an 1800.

Histoire Moderne.

Charles six. Charles sept. François vient après lui.
Joseph deux. Léopold. François deux et son fils.
De Brandebourg la tige au rang des rois se place.
Le czar Pierre affoiblit tout pouvoir qui menace.
Font la guerre en héros Marlborough et Eugène.
Charles douze, en fureur, chez l'Ottoman se traîne.
La Sardaigne eut un roi, le Russe un empereur.
Le prétendant Stuart met l'Écosse en fureur.
Après plusieurs combats, le vaillant Kouli-Kan
S'empare du Mogol, et se fait roi Persan.
Par Gustave troisième est la Suède affermie.
Stanislas en Lorraine est fixé pour la vie.
Catherine seconde au rang des grands se place;
Mais Frédéric second à Rosbach la surpasse.
Sous Poniatowski, la Pologne se divise;
A trois princes voisins elle est enfin soumise.
Leibnitz, Newton et Cook. L'Amérique étend sa science.
Lavoisier, Montgolfier, Chappe, inventeurs en France.

(32)

XIXe SIÈCLE APRÈS JÉSUS-CHRIST,

Depuis l'an 1800, jusqu'à l'an 1900.

Histoire Moderne.